中国合同库

婚姻家庭

优质文本 · 条文批注 · 风险提示

张 静 编著

法律出版社
LAW PRESS · CHINA

张　静

山东大学法学院经济法学学士，北京大学法律硕士。2002 年开始从事律师职业，2006 年开始专攻婚姻家庭法律业务，现任北京市炜衡律师事务所婚姻家庭部副主任，中华女子学院外聘讲师，曾为多家电视台、广播电台、网络媒体节目、法律课程平台担任法律答疑专家、讲师；炜衡律师事务所多年优秀律师，2012 年度海淀区优秀法律服务工作者，2014 年海淀区巾帼建功标兵，热心公益。2006 年以来，张静律师处理婚姻家庭诉讼案件及其他民事案件、谈判与调解、法律咨询、调查取证、各类文书代拟、出具法律意见书、律师见证、家庭财富规划与传承等非诉业务难以计数，实务经验极为丰富，是婚姻家庭法领域经验极丰富的专业型律师。

法治社会离不开合同。

英国历史学家梅因的《古代法》中有一句法律人耳熟能详的名言：我们可以说，所有进步社会的运动，到此处为止，是一个“从身份到契约”的运动。确实，在现代社会中，方方面面都离不开契约与契约精神。除市场交易外，大到国家治理、国际条约，小到婚姻家庭、交通出行各个领域，无所不在契约或契约精神的笼罩之下。可以说，一个现代人，无时无刻能与合同脱离干系。

在具体生活层面，我们也不难发现合同与社会经济之间的密切关系。从普通人很少见到正式合同，到越来越多地签订书面合同，到合同越来越厚、条款越来越多，与之相应地，是经济交易越来越活跃、交易金额越来越大，经济越来越发达。如果作这么一个判断：“合同的质量与数量，与一个社会的经济水平成正比”，这应该是基本成立的。

希望中国合同库成为标准。

合同需要标准。国际贸易术语（Trade Terms of International Trade），就可以理解为是一套合同条款的标准术语。有了这套术语，交易各方在谈判以及拟定条款时，就可以大大节省时间，减少争议。

经济生活中的大量交易，完全可以使用比较标准的、完备的合同范本。这些合同范本符合一般交易惯例，条款相对完善、规范，能减少不必要的合同纠纷。

当然，交易往往都有自己的特殊性。即便如此，以标准合同为基础，合同各方在彼此关心的重点条款上谈判、修订，而对一般性问题采纳标准合同的条款，这也能大大节省合同各方的精力。

在运输领域，集装箱标准的推出，大大提升了运输效率、降低了物流成本，整个社会都为之受益。而如果在社会各行各业的交易、合作中，都能大力推行标准合同，无疑也将大大降低交易成本，促进交易的进行，减少争议。这其中的社会意义是巨大的。这也是工商等政府部门不断推出政府示范文本的目的。而现在，“中国合同库”这一项目，更是利用互联网技术，将合同示范文本这一工作往前推进了一大步。

标准之所以能成为标准，既需要社会各界的推动与接受，也需要标准本身能不断完善、符合需求。我在此希望中国合同库的主办方能持之以恒地推动合同库的建设、完善与推广，使之成为名副其实的“中国合同库”。

此为序。

中国社会科学院教授，博士生导师

在互联网、大数据时代，应思考法律服务如何与技术结合，推动法律智慧的融合与共享。在倡导律师专业化建设、倡导律师“工匠精神”的同时，应注重用技术手段，帮助律师提升法律服务的效率。

《中国合同库》系列图书，可以看作这方面的有益尝试。不同于一般的合同范本书，它充分利用了互联网开放、迭代、互动的特色：每个合同范本，对应一个二维码，读者扫描识别二维码，就可以获得合同范本的电子版；而合同范本的作者，可以实时更新电子版，以确保内容的与时俱进。如此一来，这套书不再是一般意义的纸质读物，而是与电子数据协同互动的新型出版形态。

一直以来，高品质的合同范本和法律文书，是一种有价值但流通不畅的资源。律师与律师之间，团队与团队之间，律所与律所之间，缺乏知识资源的互通和共享。另外，高质量的文件模板几乎可以说是律师的核心竞争力之一，甚至是行业壁垒之一，每一份好的文件模板都倾注了律师的智慧和心血。《中国合同库》聚合各领域专业法律人，把这些优质的模板进行逐字逐句地修改、整合，进而分享，真正体现了互联网时代的共享精神。

不久前，中华全国律师协会刚刚与法律出版社签署战略合作协议，现在欣喜地看到法律出版社偕同法天使推出这项具有创新精神的出版计划，在此表示由衷祝贺！

是为序。

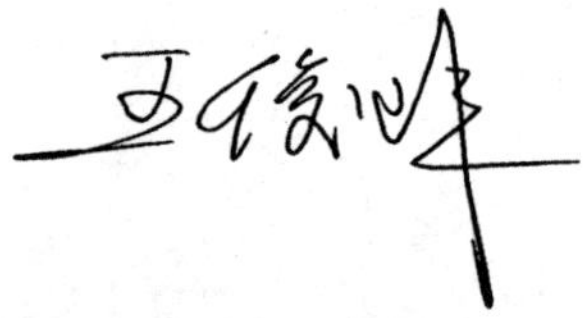

中华全国律师协会会长

金杜律师事务所管委会主席

目　录

CONTENTS

一、诉 讼 类

（一）委托类文书

1.委托代理协议（详细版）

使用场景：

律师承接婚姻家庭案件时使用，因婚姻家庭案件情况复杂，如离婚、解除收养案件有可能有多次诉讼，且具有明显的可调解性，案件结案方式甚至可能转化为非诉讼，如以民政局协议离婚登记方式结案，因此，该协议专门针对此领域案件的特点制定，明确双方义务，减少产生争议的风险。

法律要点：

1. 关于授权方式

离婚案件的授权方式应为一般授权，因为涉及人身关系，此部分意见只能由本人表达，不能做特别授权，一般法院对离婚案件的授权要求按一般授权，因此，离婚案件的代理协议内的授权方式应选择一般授权。除非该离婚案件为涉外案件，本人已经合法机构对委托代理协议或授权委托书做公证认证，给予代理人特别授权，本人可以不出庭，否则应一律按一般授权方式填写。其他案件如继承等，可做特别授权。

2. 关于结案方式

婚姻家庭案件调解率很高，所以结案方式很有可能转变为非诉讼方式或撤诉处理，如经调解后双方到民政局协议离婚，或私下达成继承协议并履行等，此时，结案方式有可能是多样的，签订婚姻家庭类案件的代理协议应当注意对调解及结案方式的约定，即无论采用哪种方式，都视为律师完成了代理义务。

委托代理协议

______号

10828

委 托 人（下称甲方）：

身份证号：

住　　址：

电　　话：

电子邮件：

受委托人（下称乙方）：北京市______律师事务所

地　　址：

电　　话：

传　　真：

邮　　编：

甲乙双方根据《中华人民共和国律师法》及其他相关法律、法规的规定，经友好协商，就甲方委托乙方代理法律事务达成一致意见，特订立下列条款，共同遵行。

第一条　委托代理事项

甲方委托乙方代理甲方与______纠纷一案的有关法律事务，具体事项如下：

1. 乙方指定______律师负责代理上述纠纷的（从一审、二审诉讼程序或其他法律事务中选择）。

2. 甲方委托乙方代理权限：____________（一般授权或特别授权），授权具体内容及期限另见授权委托书，在乙方代理过程中出现案情变化或甲方的变化，甲方要求改变委托授权内容的，双方另行签订新的授权委托书。

3. 为尽可能详尽周全的完成委托事务，甲方同意______律师指定其他律师或助理协助其办理相关法律事务，包括法律文书的起草、调查取证、与法院沟通联系等。

4. 由于婚姻家庭案件的可调解性，乙方律师可根据情况在诉讼前或诉讼中进行调解，乙方律师可代理委托人参与谈判调解工作（包括诉前调解，诉讼中庭上调解及庭外调解，但此调解工作是指一般性调解，不包括反复调解、长期调解、专项调解、短期法律顾问工作），若经调解后双方诉讼终结（包括当事人双方达成诉前调解、原告撤诉、委托人单方撤销委托、诉讼中达成调解、一方被判驳或裁驳的情形），均视为乙方律师完成本协议委托代理事务，本代理协议自行终止，本协议第二条所约定的律师代理费乙方不退还。

5. 由于婚姻家庭案件的多变性，甲乙双方一致认可，无论本次诉讼是否经历开庭或开庭几次，在甲方委托乙方之后，若发生原告撤诉情形或当事人双方和解情况，导致本次诉讼终结的，由于乙方律师在接受委托后已付出劳务工作，也视同乙方律师完成代理事务，原代理协议自行终止，本协议第二条所约定的律师代理费乙方原则上不退还。

6. 在甲方委托乙方后，乙方需勤勉尽责按工作规则完成工作，甲方亦需认可接受乙方的工作规则：

（1）乙方律师与甲方每次面谈案情时应作书面笔录，用于记录与案件代理有关事项，甲方认可该笔录内容作为甲方对案情陈述及诉讼意见表达的补充资料，若在笔录中涉及对委托代理事项有所变更的，在双方未签定补充代理协议情况下，就以甲方签字确认的笔录内容为准，此时笔录可视为委托代理协议书的补充或变更。否则将以另行签定的补充代理协议内容为准。

（2）为规范承办律师为委托人提供认真全面的服务，承办律师在代理过程中可以记录书面的《法律服务工作记录》，由委托人签字确认。

7. 甲方同意以本协议抬头处所填写的邮箱地址为双方沟通所有文书的指定邮箱。同时甲方指定以下地点为乙方律师与其联系、邮寄或快递法律文书及其他资料的收件地址：

____

____。

第二条　律师服务费、其他费用及付款方式

1. 乙方律师服务费的收取标准是考虑以下因素综合确定：

（1）法律事务代理期限的长短及律师耗费的工作时间；

（2）法律事务的难易程度、复杂程度及工作量的大小；

（3）委托人的经济能力；

（4）律师可能承担的风险和责任；

（5）律师的社会信誉和工作水平、专业水准及知名度等；

（6）完成代理事务所在的区域，比如是本市还是外地，代理律师付出的时间成本、执业风险等；

（7）代理本项事务所需律师及律师助理的人数；

（8）涉及财产关系的，考虑诉讼标的额的大小。

2. 经甲乙双方协商一致，本案律师的代理费，确定为______元。

3. 付款时间及支付方式：______。

（1）一次性付清，甲方应在____________，向乙方支付全额代理费人民

10828

币______元；

（2）分期支付：

例 1：①根据甲方陈述，需要处理的夫妻共同财产为房屋一处（地址：____________），根据该财产标的，乙方收取本案基础代理费______元，甲方应在______，向乙方支付完毕；

②由于甲方与______的其他夫妻共同财产情况不明，对其他财产，采用如下收费办法：

即如在诉讼过程中，发现除上述房屋外，甲方与______仍有其他夫妻共同财产，经法院依法判决或调解，该部分财产按甲方实际分得的财产总标的的______% 收取律师代理费，具体给付方式为：

A. 其中______% 在甲方领取判决书或调解书后______日内交纳；

B. 另外______% 在甲方实际获得财产之日起五日内交纳，即每实际获得一笔财产，按本次实际财产价值的______% 交纳代理费，直至全部交纳完毕。

例 2：①甲方应于签订本合同之日交纳代理费______元；

②剩余代理费______元应在签订本合同之日起______内交纳，如本案在______之内结案，该剩余代理费应在结案后三日内交纳。

例 3：①签订本合同之日起______日内，甲方先交纳基础代理费______元，由乙方律师开始为其进行诉前调解谈判；

②如调解成功，双方达成一致的离婚协议，乙方可指导甲方到民政机构办理协议离婚登记，或到法院办理无争议离婚诉讼，出具民事调解书。甲方应在取得离婚证或民事调解书后______日内交纳剩余代理费______元；

③如在诉前甲方与男方未能达成离婚协议，本案转为有争议诉讼离婚，乙方律师继续代理有争议诉讼离婚的本次起诉一审程序，甲方应在立案后______日内交纳剩余代理费______元；

④如第一次起诉法院判决不准离婚，甲方同意不上诉，等六个月后第二次起诉离婚，乙方可继续代理第二次起诉离婚的一审程序，代理费为______元，于起诉前交纳。

4. 其他特别规定：

（1）如乙方律师存在私下收费（甲方未将费用支付给乙方律师事务所）或在本合同之外收取费用，甲方可以向乙方律师事务所投诉或举报。

（2）如甲方委托他人垫付律师代理服务费的，甲方需向乙方出具第三人同意垫付费用的书面声明，但正式发票中付款人仍开在甲方名下。

（3）在甲方委托乙方时，乙方律师服务费的报价是建立在委托人单方陈述的财产及债权债务的基本情况之上，但若委托后乙方发现甲方未对财产情况作如实告知，或诉讼中因其他原因增加诉讼标的，或调查后发现诉讼标的远大于甲方陈述的，由此会导致乙方律师工作量的增加，此时乙方有权向甲方追加律师费。

5. 本市城区交通费：

若乙方承办甲方委托事务需要到异地（包括本市郊区）办案的，乙方指定律师及其助理的差旅费、住宿费均由甲方负担。乙方律师结案时应与甲方结算完毕，并交付相关票据。

6. 说明：上述代理费的法律服务工作量是指正常诉讼程序，不包括在案件过程中发生的复杂谈判调解工作，不包括管辖异议程序代理、反诉代理等其他非常规法律程序，在代理甲方案件过程中若发生上述程序，或因为案件的进展发生的其他意外法律服务事项，乙方有权要求增加法律服务费用，届时由双方另行协商。

7. 在乙方代理该案过程中，若甲方单方撤销或终止委托，乙方无过错的，乙方已收取的代理费不予退还，本协议自行终止。若甲方变更委托代理事项内容的，乙方有权决定是否继续接受委托，或终止本合同。并由双方另行协商法律服务内容及收费标准，对原代理协议进行变更和补充。

8. 乙方办理本案法律事务若发生其他费用如诉讼费、查询调档费、鉴定费、公证费、公告费、翻译费、评估费、邮递费等费用，此类费用均由第三方收取，应由甲方承担，一般情形下采取甲方自己直接支付，紧急情形下或在甲方不便支付相关费用时，乙方可授权乙方承办律师代为支付，费用发生后再向甲方凭票报销。

9. 在乙方从事甲方委托事务过程中，遇到该案任何一方撤诉、双方达成和解（包括庭下和解和庭上和解）、法院裁定驳回起诉、法院判决驳回诉讼请求、甲方庭审缺席、一方当事人下落不明或死亡导致案件终止审理的，本协议自行终止，同样视为律师已完成协议委托事务，乙方无过错时，已收取律师代理费用不再退还。

第三条　甲方的义务

1. 甲方应如实提供与案件有关的资料信息、如实陈述与案件有关的情况；

2. 如与案件相关的情况和事实发生变化，应及时告知乙方律师；

3. 如甲方变更联系方式，应及时通知乙方律师；

4. 按照本协议约定支付律师费和其他费用；若甲方不按照合同约定，未按时足额支付律师费和其他费用的，乙方有权停止代理工作，超过合同约定付款

10828

时间逾______天的，乙方有权解除合同。

5. 无论何种情况，甲方向乙方律师提出的要求均不得违反律师职业道德和执业纪律的规定。乙方在代理过程中发现甲方利用违法手段调查取证等事项的，乙方有权制止并停止代理本合同事项。

6. 甲方因患病或在国外不能亲自办理委托事宜的，可委托亲友代为签订本协议，代为陈述案情，但甲方应当出具书面授权委托书。

7. 在办理甲方委托的法律事务过程中，甲方对授权范围或对委托事务有所变更的，应及时向乙方提交书面变更说明。否则视为甲方自行改变委托事项或撤销委托。

8. 在乙方律师正常代理过程中，甲方要求乙方律师暂缓立案或暂缓处理其他代理事项的，应出具书面声明，并在谈话笔录中签字说明。

9. 委托事项违法，委托人利用律师提供的法律服务从事违法活动或者委托人故意隐瞒与案件有关的重要事实的，律师有权拒绝继续代理。

第四条　乙方的义务

1. 乙方律师必须遵守律师职业道德和执业纪律。

2. 乙方应当勤勉尽责，维护甲方的合法利益。

3. 乙方应当及时向甲方报告有关案件的进展情况，并对所提供的法律服务作书面记录。

4. 乙方无权超越甲方授权范围从事委托事项。如确有需要，应当由甲方另行给予明确的授权。

5. 若无意外情况，乙方就本协议约定的律师费和其他费用以外，无权要求甲方支付任何其他款项。

6. 乙方代理律师应当保护委托人的合法隐私权及相关商业秘密；对于甲方的相关信息及与案件有关的资料、文件应当保守秘密，若非因办理本案件的需要，在未征得甲方同意的情况下，乙方不得向任何第三方透露。

7. 乙方律师不得与诉讼案件对方串通，侵害委托人权益。

8. 由于乙方律师的过错导致甲方产生损失的，甲方有权撤销委托，乙方应将已收取的律师费在扣除已完成工作量服务费后的余额退还给甲方，造成其他损失的还应当给予委托人赔偿。

9. 乙方代理律师不得在同一法律业务中代理有利益冲突的双方或多方当事人。

第五条　禁止条款

禁止乙方律师为承揽业务向甲方作出不切实际的承诺或保证，建立委托代理关系的前提是诚信。

乙方向甲方提供的代理方案、分析意见和推断均不可理解为乙方律师就案件作出了成功或胜诉的保证。

禁止受托方律师私下收取代理费，律师在本合同之外收取费用的，委托方可以向受托方律师事务所举报。

第六条　协议的完整性

本协议将取代本协议签订之前双方曾经作出的关于本案的口头或书面的约定。

本协议未尽事宜由双方协商解决，需要签订补充协议的，补充协议为本协议的组成部分。

因特殊情况甲方不能与乙方面谈办理协议委托事项的（如委托人在国外），可通过传真、电子邮件等方式确认，签订本协议，明确双方权利义务，电子版本协议或传真件具有同等法律效力。

第七条　争议的解决

甲方与乙方之间就本协议的履行发生的任何争议，双方应协商解决，如协商不成，因本合同引起的或与本合同有关的任何争议，均提请北京仲裁委员会按照其仲裁规则进行仲裁。仲裁裁决是终局的，对双方均有约束力。

第八条　附则

本协议于甲、乙双方签字盖章后生效。本协议一式三份，甲方持有一份，乙方持有两份，效力等同。

甲　方：　　　　　　　　　　　　　　乙　方：北京市______律师事务所

代理人：　　　　　　　　　　　　　　律　师：

年　　月　　日　　　　　　　　　　　年　　月　　日

签约地点：

10828

2.委托代理协议简单版

使用场景：

承接婚姻家庭案件应使用专业委托代理协议，但同时，也要考虑案件本身的标的和复杂程度，以及当事人阅读文本的难度，为减少当事人对较多律师免责条款的复杂协议的排斥和担忧，使律师快速成案，在必要时，可选择使用较为简单的委托代理协议版本。

法律要点：

虽为简单版委托代理协议，但一些必要的条款是不可缺少的，除缴纳代理费的时间方式等明显必需的条款外，要注意关于解除合同的条件、标的明显增加时代理费的调整（离婚案件中常发生，经调查后发现和所述标的相差甚远的情形时，可增加代理费的内容）等条款，是不可或缺的，以更好地保证律师的基本权益。

委托代理协议

______________号

委 托 人（下称甲方）：

身份证号：

地　　址：

电　　话：

电子邮件：

受委托人（下称乙方）：北京市______律师事务所

地　　址：

电　　话：

传　　真：

邮　　编：

甲方因与______纠纷一案，委托乙方律师代理诉讼，经双方协议，订立以下条款，以资共同遵守。

一、乙方接受甲方的委托，指派______为甲方______（从一审、二审诉讼程序或其他法律事务中选择）诉讼的代理人。

二、甲方对乙方律师的授权为：______（一般授权或特别授权），授权具体内容及期限另见授权委托书，在乙方代理过程中出现案情变化或甲方的变化，甲方要求改变委托授权内容的，双方另行签订新授权委托书。

三、相关费用：

（一）经双方协商，甲方应向乙方缴纳律师费______元。

（二）支付方式：____

____。

户名：北京市________________________律师事务所，账号______________________，开户行：________________________。

（三）在甲方委托乙方时，乙方律师服务费的报价是建立在委托人单方陈述的财产及债权债务的基本情况之上，但若委托后乙方发现甲方未对财产情况作如实告知，或诉讼中因其他原因增加诉讼标的，或调查后发现诉讼标的远大于甲方陈述的，由此会导致乙方律师工作量的增加，此时乙方有权向甲方追加律师费。

（四）本市交通费：

若乙方承办甲方委托事务需要到异地办案的，乙方指定律师及其助理的差旅费、住宿费均由甲方负担。乙方律师结案时应与甲方结算完毕，并交付相关票据。

（五）办案中产生的诉讼费、查询调档费、复印费、鉴定费、公证费、公告费、翻译费、评估费、邮递费等费用由甲方承担。

（六）如委托方律师存在私下收费（委托人未将费用支付给委托方律师事务所）或在本合同外收取费用，委托方可以向受托方律师事务所投诉或举报。

四、甲方同意以本协议抬头处所填写的联系方式为双方沟通的联系方式，文书一般首先通过电子邮箱传送。乙方律师与甲方联系、邮寄或快递法律文书及其他资料的收件地址均以抬头处填写的为准，相关联系方式如有变更，甲方应及时通知乙方。

五、由于婚姻家庭案件的多变性和可调解性，甲乙双方一致认可，无论本次诉讼是否经历开庭或开庭几次，在甲方委托乙方之后，若发生原告撤诉情形或当事人双方和解情况，导致本次诉讼终结的，由于乙方律师在接受委托后已付出劳务工作，也视同乙方律师完成代理事务，原代理协议自行终止，本协议

10918

第二条所约定的律师代理费乙方原则上不退还。

六、在乙方代理该案过程中，若甲方单方撤销或终止委托，乙方无过错的，乙方已收取的代理费不予退还，本协议自行终止。若甲方变更委托代理事项内容的，乙方有权决定是否继续接受委托，或终止本合同。并由双方另行协商法律服务内容及收费标准，对原代理协议进行变更和补充。

七、在乙方从事甲方委托事务过程中，遇到该案任何一方撤诉、双方达成和解（包括庭下和解和庭上和解）、法院裁定驳回起诉、法院判决驳回诉讼请求、甲方庭审缺席、一方当事人下落不明或死亡导致案件终止审理的，本协议自行终止，同样视为律师已完成协议委托事务，乙方无过错时，已收取律师代理费用不再退还。

八、甲方应按照本协议约定支付律师费和其他费用；若甲方不按照合同约定，未按时足额支付律师费和其他费用的，乙方有权停止代理工作，超过合同约定付款时间逾______天的，乙方有权解除合同。

九、如乙方承办律师不按规定程序认真负责地从事代理事务，与对方当事人或其代理人恶意串通，损害甲方权益的，甲方有权单方解除委托代理协议，要求乙方如数退还或拒付代理费，并可依法要求乙方承担相应的法律责任。

十、本协议将取代本协议签订之前双方曾经作出的关于本案的口头或书面的约定。

本协议未尽事宜由双方协商解决，需要签订补充协议的，补充协议为本协议的组成部分。

十一、甲方与乙方之间就本协议的履行发生的任何争议，双方应协商解决，如协商不成，因本合同引起的或与本合同有关的任何争议，均提请北京仲裁委员会按照其仲裁规则进行仲裁。仲裁裁决是终局的，对双方均有约束力。

十二、本协议一式三份，甲方持有一份，乙方持有两份，签字盖章后生效，每份具有同等法律效力。

甲　方：　　　　　　　　　　　　　　　　乙　方：北京市______律师事务所

代理人：　　　　　　　　　　　　　　　　律　师：

　　　　年　　月　　日　　　　　　　　　　　　年　　月　　日

签约地点：

3.解除委托代理协议/委托代理协议补充协议（解除）

使用场景：

在签订了委托代理协议以后，因情况变化解除合同时使用。婚姻家庭案件情况多变是其特点之一，如提起离婚后双方和好不再诉讼，当事人签订委托代理协议后很快反悔，或中途更换律师等情况时有发生，解除委托代理协议也是常用的文本。

法律要点：

这类以解除为目的的补充协议或干脆叫解除委托代理协议，重点有三：一是要将双方之前的工作和事项进行说明；二是将双方协商之后的结果说明，如经协商解除合同，代理费同意减免一半等；三是将签订补充协议后双方权利义务全部履行完毕，费用全部结清等内容进行确定。

补 充 协 议

______________号[①]

条文注解：案号一般使用原协议案号加“-1”“-2”这样的方式，如原协议案号为MS180413，则补充协议一可以使用“MS180413-1”，补充协议二可使用“MS180413-2”这样的方式，以和原协议一致。

委 托 人（下称甲方）：

身份证号：

住　　址：

电　　话：

电子邮件：

受委托人（下称乙方）：北京市______律师事务所

地　　址：

10922

电　　话：

传　　真：

邮　　编：

一、委托代理事项及律师代理费

甲乙双方曾于______年______月______日签订《委托代理协议》（______号）一份，约定甲方委托乙方代理甲方与______纠纷一案的有关法律事务，具体事项如下：

乙方指定______律师负责代理上述纠纷的以下程序：

（1）……

（2）……

……

例：

乙方指定______律师负责代理上述纠纷的诉前调解和一审诉讼程序。

同时约定本案律师的代理费、付款时间及支付方式，确定为：

（1）诉前调解阶段______元，于本合同签订之日起______日内交纳；

（2）如调解成功，甲方应在领取离婚证或法院民事调解书（如双方希望到法院办理无争议离婚诉讼，也可到法院办理出具民事调解书）之日起______日内支付剩余的代理费元；

（3）如诉前调解未成功，双方未能就离婚等达成一致意见，乙方继续代理本次离婚诉讼一审阶段，甲方应于立案后______日内交纳剩余的代理费______元。

本市城区交通费：实报实销。

二、本案目前相关情况

甲方已如期交纳与______非诉讼离婚调解谈判阶段的律师代理费______元。

乙方在接手本案后，进行了基本的调查取证，已起草本案起诉书，并准备证据，也与男方进行过电话沟通调解，及时解答甲方咨询，并已做好起诉的全部准备。但甲方表示希望继续与男方私下调解，尽量不诉讼，因此乙方律师多次修改离婚协议书进行谈判调解。现甲方表示，经与男方及男方家人多次接触谈判，现男女双方准备和好，甲方不再需要继续委托律师办理离婚。

三、关于免除甲方后期代理费的约定

因甲方无须再办理离婚，后期代理事项不再发生，根据原协议的具体内容，后期代理费已无收取的必要。现双方在此确认，乙方已履行全部合同义务，甲方付款义务也全部完成，本合同委托事项已全部完成，双方权利义务全部解除，全部费用已结清。

四、其他

该协议为对原委托代理协议（______号）的修改及补充，原协议有与本协议不一致之处，以本补充协议约定的内容为准。

本协议原件一式三份，甲方执一份，乙方执两份，具同等法律效力，从双方均签字盖章之日起生效。

甲　方：　　　　乙　方：北京市______律师事务所

代理人：　　　　律　师：

年　月　日　　　　年　月　日

签约地点：

10922

关注法天使

4.补充协议（代理费变更）

使用场景：

由于婚姻家庭案件的多变性，以离婚或继承案件为例，经法庭调查后，涉案标的往往才查清，与当事人最初的陈述和预期可能有较大差别，依原委托代理协议的相关条款的约定，律师可能要增加代理费，或当事人由于某些原由要求减少代理费等，这时，就需要使用这类变更代理费的补充协议。

法律要点：

这类以代理费变更为目的的补充协议，重点要说清增加或减少代理费的依据和原因，如依原协议第几条，符合增加代理费的情况，具体情况是什么等。

补 充 协 议

______________号[1]

> 条文注解：案号一般使用原协议案号加“-1”“-2”这样的方式，如原协议案号为MS180413，则补充协议一可以使用“MS180413-1”，补充协议二可使用“MS180413-2”这样的方式，以和原协议一致。

委 托 人（下称甲方）：

身份证号：

住　　址：

电　　话：

电子邮件：

受委托人（下称乙方）：北京市_______律师事务所

地　　址：

电　　话：

传　　真：

邮　　编：

一、委托代理事项及律师代理费

1. 甲乙双方曾于______年______月______日签订《委托代理协议》（______号）一份，约定甲方委托乙方代理甲方与______纠纷一案的有关法律事务，具体事项如下：

乙方指定______律师负责代理上述纠纷的______（从一审、二审诉讼程序或其他法律事务中选择）。

2. 同时约定本案律师的代理费、付款时间及支付方式，确定为：

一次性付清，甲方应在______内，向乙方支付全额代理费人民币______元。

二、本案目前相关情况

1. 在甲方与______离婚纠纷一案的诉讼过程中，______向法院申请了管辖异议，使本案增加了管辖异议程序。除此以外，在____________提交的证据中，其主张应当予以分割的夫妻共同财产部分还增加了房产、车辆、股票、多个债权债务及公司股权。

2. 本案的财产标的和复杂程度已经远远超出了律师在接受委托时所做出的预期，对方提出的大量财产需要律师一一进行核对和处理，律师的工作量大幅增加。

三、代理费的调整

1. 根据《委托代理协议》（______号）第______条第______款，上述代理费的法律服务工作量是指正常诉讼程序，不包括在案件过程中发生的复杂谈判调解工作，不包括管辖异议程序代理、反诉代理等其他非常规法律程序，在代理甲方案件过程中若发生上述程序，或因为案件的进展发生的其他意外法律服务事项，乙方有权要求增加法律服务费用，届时由双方另行协商。

2. 根据《委托代理协议》（______号）第______条在甲方委托乙方时，乙方律师服务费的报价是建立在委托人单方陈述的财产及债权债务的基本情况之上，但若委托后乙方发现甲方未对财产情况作如实告知，或诉讼中因其他原因增加诉讼标的，或调查后发现诉讼标的远大于甲方陈述的，由此会导致乙方律师工作量的增加，此时乙方有权向甲方追加律师费。

3. 因此与甲方协商：一审程序的代理费由______元调整为______元，分阶段支付。甲方已经支付______元，余款于签订本补充协议后______日内交纳______元，结案后______日内交纳______元。

四、协议的一致性

本协议为对原委托代理协议（____________号）的修改及补充，原协议有与本协议不一致之处，以本补充协议约定的内容为准。

10923

五、协议生效

本协议原件一式三份，甲方执一份，乙方执两份，具同等法律效力，从双方均签字盖章之日起生效。

甲　方：　　　　　　　　　　　　　　乙　方：北京市______律师事务所

代理人：　　　　　　　　　　　　　　律　师：

　　　　年　　月　　日　　　　　　　　　年　　月　　日

签约地点：

5.授权委托书（一般授权）

使用场景：

离婚案件使用，因离婚案件涉及人身关系，授权委托书只能采用一般授权方式（涉外离婚案件除外），且婚姻家庭案件如离婚、解除收养关系等案件，可能涉及多次起诉，委托期限也要作更为明确的约定。

法律要点：

1. 离婚案件授权方式只能是一般授权（涉外离婚案件除外）。之所以这样，是因为在法律上，关于是否同意离婚，涉及人身关系，不能由代理人代为表达，必须由本人明确意见。

2. 因可能多次诉讼，建议委托期限的表述为“本次起诉的______审程序”，以明确仅限本次诉讼的______审程序。

3. 代理权限里，笔者建议增加“代签法律文书”这一内容，实践中因有代理人代签法律文书导致异议的情况，因此，为简化工作，同时减少代理人的风险，建议在代理权限里将代签法律文书作为一项明确的权利。

授权委托书

委托人：

联系方式：

受委托人：　　　　　　　　　　　　　　　　电话：

工作单位：北京市______律师事务所　　　　职务：律师

受委托人：　　　　　　　　　　　　　　　　电话：

工作单位：北京市______律师事务所　　　　职务：律师

现委托上列委托人在我方与____________纠纷一案中，作为我方诉讼代理人。

受委托人____________的代理权限：一般授权代理。代为立案、调查取证，开庭陈述事实和理由，代签法律文书，参加辩论、调解，领取诉讼文书等一般授权。

委托期限为：至本案本次起诉______审终结。

10921

委托人：

受委托人：

年　　月　　日

6.授权委托书（特别授权）

使用场景：

一般民事案件均可使用，除离婚等涉及人身关系的案件外，均可使用并推荐使用特别授权的委托书。

法律要点：

代理人可以为一人，也可以为两人。

代理人可以是：（一）律师、基层法律服务工作者；（二）当事人的近亲属或者工作人员；（三）当事人所在社区、单位以及有关社会团体推荐的公民。

婚姻家庭案件不同于其他案件，对于某些当事人，有近亲属作为代理人是较好的选择，这时我们也可能会选择一名律师为代理人，一名近亲属作为代理人，注意近亲属作代理人的，必须提供与委托人的亲属关系证明。

授权委托书

委托人：

联系方式：

受委托人：　　　　　　　　　　　　　　　电话：

工作单位：北京市______律师事务所　　　　职务：律师

受委托人：　　　　　　　　　　　　　　　电话：

工作单位：北京市____________律师事务所____________职务：实习律师现委托上列委托人在我方与____________纠纷一案中，作为我方诉讼代理人。

受委托人____________的代理权限：全权代理。含代为立案、调查取证，开庭陈述事实和理由，参加辩论、调解，领取诉讼文书，代签法律文书，承认、放弃、变更、增加诉讼请求，进行和解，提起反诉等特别授权。

委托期限为：至本案本次起诉______审终结。

委托人：

受委托人：

年　　月　　日

10920

（二）立案前文书

1. 所有案件适用

7.居 住 证 明

使用场景：

管辖的基本原则是原告就被告，对于离开户口所在地有经常居住地的被告（特殊情况下是原告）的居住情况，在立案时必须向立案庭提交被告在此地长住一年且现仍住于此的居住证明，方可在经常居住地立案。且该证明的开具机关为特定机关，即所在地的居委会、物业公司或者派出所。是立案时最常用的文书之一。

法律要点：

目前人户分离的情况非常严重，在接手一个案件时，首先要确定的就是管辖问题。根据原告就被告的基本管辖原则，要么在被告户口所在地起诉，如其离开户口所在地的，就在其经常居住地起诉，法律上的经常居住地，根据法律规定和实践中法官的掌握，关键之处有两个：一是从居住证明可以看出，本人在此居住一年以上的时间；二是现在仍在此居住，此两个条件缺一不可。立案法官在居住证明上必须可以得到这两个信息方会同意立案，所以居住证明的内容虽简单，但开具是有一定技巧的。

对于涉外案件，只要起诉状上被告的送达地址是境外，则只要提供原告的住所地证明即可，案件由原告住所地的人民法院管辖，比如原告的户口本、身份证，或者原告经常居住地的证明。

居住证明

（______身份证号______）自______年______月起居住在我小区______号，至今仍在此居住，特此证明！

（盖章）①

条文注解：由所在地居委会、物业公司或者派出所盖章开具。

年　　月　　日

13091

2. 离婚纠纷立案前文书

关注法天使

8.离婚案件基本情况调查表

使用场景：

在接手一个离婚案件时律师了解全面案情时使用。离婚案件在婚姻家庭类案件中是最常见的，其特点非常鲜明，且法官有固定的问话及书写法律文书的内容，所以律师的起诉状答辩状等也要有固定的内容，相应的对离婚案件基本情况的了解就有许多固定的内容，此调查表可供新手及非该领域专业律师使用，减少反复多次询问当事人相关情况的不专业行为，提高工作效率，专业律师在长时间执业后完全可脱离此表直接问话。

法律要点：

1. 询问女方妊娠情况，是因为婚姻法明确规定了女方在怀孕期间、分娩后一年内或中止妊娠后六个月内，男方不得提出离婚。女方提出离婚的，或人民法院认为确有必要受理男方离婚请求的，不在此限。律师必须了解这一情况，以决定男方提起诉讼的时间，或者答辩的意见，如代理女方，则可以选择要求驳回起诉。

2. 当事人住所情况，也是需要提前了解的，以确定管辖地。

3. 当事人的自然状况有固定的格式，其中如果当事人是外籍人士，还需注明国籍以及护照号。军人无身份证号的，填军官证号码。

4. 当事人一方为军人的，必须有其所在部队团级以上政治机关同意其离婚的证明。

5. 所有财产都有固定需要了解的信息，这个需要律师具有专业知识，了解法官判案的流程。如婚前一方购买，婚后共同还贷的房屋，需要了解婚后还贷的本息和以及整个购房款数目、现值，方可计算出给另一方的折价数，而婚后共同购买，尚未还完贷款的房屋，需了解房屋现值、未还贷款本息和以及整个购房款数目，方可计算出折价数，这些应该提前了解或指导当事人去取证获得。

离婚案件基本情况调查表

如原告是男方，应首先询问妻子一方是否在怀孕期间、分娩后一年内或中止妊娠后六个月内，此期间男方不可提起离婚诉讼。

一、当事人基本情况

（一）己方当事人：姓名______，性别______，______年______月______日出生，民族______。

工作单位及职务____。

住址：____。

身份证（军官证）号码____________________联系电话______________________________。

（二）对方当事人：姓名______，性别______，______年______月______日出生，民族______。

工作单位及职务____。

住址：____。

身份证（军官证）号码____________________联系电话______________________________。

注：如当事人系外籍，还应注明国籍和护照号码。

（三）如果一方身份为军人，其所在部队团级以上政治机关的态度。

（要求在立案或诉讼中提交其所在部队团级以上政治机关同意其离婚的证明）

（四）注意管辖问题

询问户籍所在地，经常居住地。

二、婚姻基本情况

（一）相识时间及方式：

确立恋爱关系时间：

结婚登记时间：

登记机关：

是否初婚：

（二）子女基本情况：

姓名	性别	出生日期	照顾人

（三）恋爱期间感情状况。

（四）结婚初期感情状况。

（五）夫妻矛盾或感情破裂的原因及具体情况。

例：

13090

1. 与异性同居、重婚；

2. 实施家庭暴力；

3. 虐待、遗弃家庭成员；

4. 有赌博、吸毒等恶习；

5. 夫妻是否分居，分居的时间；

6. 对方已经失踪；

7. 婆媳矛盾；

8. 不愿生育等；

9. 是否已经起诉过离婚，是的话，上次生效判决的时间为：________________。

（六）其他情况：夫妻双方是否存在导致婚姻无效的情况：有禁止结婚的亲属关系的；婚前患有医学上认为不应当结婚的疾病，婚后尚未治愈的；未到法定婚龄的。

（七）在以往的谈判中，对方是否同意离婚。

三、子女抚养基本情况

（一）子女基本情况：姓名、性别、出生年月日。

（二）子女抚养情况：子女从出生以来直接照顾人，抚养的实际情况。

（三）一方抚养子女的优势及对方不利于抚养子女的情况。

四、夫妻共同财产和债权债务的基本情况

（一）房产

坐落：

购买时间：

购买人：

购买价格：

出资情况：

房屋性质：如商品房 □　福利分房 □　经济适用房 □
　　　　　两限房 □　成本价购房 □　集资购房 □

房屋产权证号：

登记权利人：

建筑面积：______平方米　套内面积：______平方米　______居室

已付清全款 □

有贷款 □

贷款情况：首付______元，借款人：______，贷款银行：______。

借款总金额：______元，借款期限为______年，自______年______月______日起至______年______月______日止，每月还贷约______元，现已偿还______个月贷款，还剩______个月的贷款未还。

房屋现市场价值：

（二）车辆

购买时间：婚前　□　　　婚后　□

购买的具体时间：______年______月______日

购置价格：

出资情况：

车型：　　　　　　车牌：

登记权利人：

已经付清全款　□

有贷款　□

贷款情况：首付______元，借款人______，借款总金额为______元，借款期限为______年，自______年______月______日起至______年______月______日止，每月还贷约______元，现已偿还______个月贷款，还剩______个月的贷款未还。

车辆现值约：

实际使用人：

（三）公司股权 / 股份

1. 公司名称：

2. 成立时间：

3. 注册资本：

4. 股东：

5. 原被告入资额：

6. 原被告持股比例：

7. 入资时间：

8. 是否实缴：

9. 现公司股权 / 股份现值：

13090

（四）银行存款

双方名下银行账户的户名、银行账号、估计余额、开户行等

（五）有价证券（股票、债券、投资基金份额等）情况

以股票为例：

1. 证券账户号：

2. 股东编号：

3. 开户的证券公司营业部名称及地址等：

4. 大概价值：

（六）住房补贴、住房公积金、养老保险金、破产安置补偿费、军人的复员费、自主择业费、个人损害赔偿金等

（七）其他财产

1. 知识产权中的财产性收益

著作权：

商标权：

专利权：

2. 黄金、钻石、贵重手表首饰等

3. 古董字画等

4. 其他

（八）共同债权债务

1. 共同债权

借款人	借款金额	借款时间	约定还款时间	借款用途

2. 共同债务

债权人	借款时间	借款数额	还款时间	借款人	借款原因

（九）屋内家具家电：名称，品牌，购买时间，购买价格

（复杂的请单列家电清单）

五、诉讼请求（答辩意见）总结

（一）委托人是原告：要求离婚

委托人是被告：同意离婚　口　　　不同意离婚　口

（二）子女的抚养

1. 抚养权归属：要求归自己　口　　　对方抚养　口

补充：

2. 抚养费数额：______/ 月

3. 探望权要求（频率、天数）：

（三）共有财产的分割意见

1. 总体的分割比例：原告______%　　　被告______%。

2. 具体想获得的财产及折价：

（1）

（2）

（3）

……

3. 若存在重婚 / 有配偶者与他人同居 / 实施家庭暴力 / 虐待、遗弃家庭成员等恶劣情节，是否要求离婚损害赔偿。

4. 是否要求一次性困难帮助。

（四）诉讼费、保全费、鉴定费等费用的承担

13090

9.起诉状（离婚纠纷）

使用场景：

离婚案件立案时向法庭提交的文书。离婚案的起诉状有很多固定的内容，如原被告双方认识的方式、生育子女的时间及婚姻是否初婚等，这些是法官必须了解的情况，且关于财产分割的诉讼请求有特殊性，离婚的理由也最好针对法律明确的视为感情破裂的具体情形，有很强的特点和专业性，因此，单独起草离婚案件的起诉状示例。

法律要点：

1. 诉讼请求的第一项一般应为请求判决离婚。

第二项是关于子女抚养的，要明确提出自己对抚养权、抚养费的要求，探望权的要求也可以列上，但如果不列，离婚案的法官不必然主动处理探望权。

诉讼请求第三项是关于财产分割的，由于离婚案可能涉及的财产是大量的，所以不太建议在诉讼请求里作明确列项，只要求分割夫妻的共同财产及债权债务即可，在调查终结，所有财产和债务较为明确时，可以列诉讼请求意见汇总，再将所有财产及分割请求列明。有些法官明确要求将详细的关于财产的诉讼请求列明，但大部分法官接受诉讼请求只列“依法分割夫妻共同财产及债权债务”这样的内容，具体的财产和分割意见列在正文当中。

如有离婚损害赔偿的请求，也要列在诉讼请求中，要求离婚损害赔偿，不是分割共同财产，不能混为一谈，要单独提出诉讼请求，其依据是《婚姻法》的第四十六条。

如还有其他诉讼请求，可列在其中，如要求一次困难帮助金等。

诉讼请求的最后一项是关于诉讼费承担的请求。

2. 起诉状中的感情破裂情形，应尽量针对法定情形进行罗列，即《婚姻法》第三十二条所列情形，及相关司法解释中明确规定的属于感情破裂的情形。

3. 根据《最高人民法院关于人民法院审理离婚案件处理子女抚养问题的若干具体意见》第七条的规定，子女抚养费数额可根据子女的实际需要、父母双方的负担能力和当地的实际生活水平确定。有固定收入的，抚育费一般可按其月总收入的百分之二十至百分之三十的比例给付。负担两个以上子女抚育费的，比例可适当提高，但一般不得超过月总收入的百分之五十。无固定收入的，抚育费的数额可依据当年总收入或同行业平均收入，参照上述比例确定。有特殊情况的，可适当提高或降低上述比例。由此，建议当事人主张的抚养费数额在其月总收入的百分之二十至百分之三十的比例要求。

4. 在原告不想将自己了解到的被告实际财产的具体情况提早告知被告，防止被告有时间转移财产的情况下，也可以在起诉状中只列举双方的主要财产，开庭时再提交清楚详细完整的财产清单，也是很好的做法，实践中律师经常采用这种方法。

民事起诉状

原告______，男/女，______年______月______日出生，______族，____________工作单位和职务：____________，住址：____________，电话：____________。

被告______，女/男，______年______月______日出生，______族，____________工作单位和职务：____________，住址：____________，电话：____________。

案由：离婚纠纷。

诉讼请求：

一、判决原告与被告离婚；

二、婚生子______由原告抚养，被告可自愿给付抚养费（或被告每月支付子女抚养费______元；或婚生子______由被告抚养），一并处理探视权；

三、依法分割夫妻共同财产及债权债务；

四、如有要求离婚损害赔偿及一次性困难帮助金及其他补偿金的诉讼请求，请列在此外，如：

判决被告向原告支付离婚损害赔偿款______元；

判决被告向原告支付一次性困难帮助金______元；

判决被告向原告支付因______的补偿金______元。

五、本案诉讼费用由被告承担。

事实和理由：

原被告于______年______月通过______认识，______年______月______日在______民政局登记结婚，双方均为初婚（再婚，或一人为初婚，一人为再婚）。______年______月______日生一子（女）______，现年______岁。

一、原被告感情破裂的主要原因及表现

（一）被告在经济上对原告过于苛刻，导致原告无法进行正常的生活和交际。

（二）被告及其父母对原告及其父母不够尊重，导致双方关系产生裂痕。

13094

（三）原被告婚后多次分居，经多次尝试证明无和好可能。

（四）______年______月，原告曾起诉离婚，法院判决不准离婚后半年内双方关系无任何改善（注：重要）。

[其他感情破裂的原因，例如：

被告有重婚行为（注：法定事由）；

被告与异性多次同居导致夫妻感情彻底破裂）（注：法定事由）；

被告婚外情导致双方感情彻底破裂（注：常用）；

被告多次出轨是感情破裂的主要原因；

被告频繁家庭暴力导致夫妻感情彻底破裂（注：法定事由）；

被告遗弃子女，置原告及子女于不顾，导致感情彻底破裂（注：法定事由）；

双方性格严重不合，基本无交流（注：常用）；

被告有赌博（吸毒）恶习且屡教不改（注：法定事由）；

原被告连续分居已经超过两年（注：法定事由）；

原告第一次起诉离婚之后双方感情无任何改善，双方感情已彻底破裂（注：重要）；

婚姻基础薄弱；

婚后未建立起夫妻感情（注：法定事由）；

被告不愿生育子女，致使感情确已破裂（注：法定事由）；

被告习惯逃避问题，缺乏责任感，严重影响夫妻沟通；

被告与原告父母严重不睦，关系恶劣；

被告缺乏责任感，脾气不好][①]。

> 条文注解：可对照《婚姻法》第三十二条及《关于人民法院审理离婚案件如何认定夫妻感情确已破裂的若干具体意见》。
>
> 《婚姻法》第三十二条　男女一方要求离婚的，可由有关部门进行调解或直接向人民法院提出离婚诉讼。
>
> 人民法院审理离婚案件，应当进行调解；如感情确已破裂，调解无效，应准予离婚。
>
> 有下列情形之一，调解无效的，应准予离婚：
>
> （一）重婚或有配偶者与他人同居的；
>
> （二）实施家庭暴力或虐待、遗弃家庭成员的；
>
> （三）有赌博、吸毒等恶习屡教不改的；
>
> （四）因感情不和分居满二年的；
>
> （五）其他导致夫妻感情破裂的情形。
>
> 一方被宣告失踪，另一方提出离婚诉讼的，应准予离婚。

二、要求子女由原告抚养，被告自愿支付抚养费

（一）婚生子______基本情况

儿子（女儿）______年______月______日出生，现年______岁。儿子（女儿）从出生至今一直由原告直接照顾。尤其是______年______月原告从美国回国后，一直跟随原告居住于原告父母处，并由原告父母帮助照顾。

（二）原被告抚养条件基本情况

1. 原告系研究生毕业，学历较高；目前就职于国有企业，工作稳定，收入稳定。原告名下有个人房产，有固定住所可以解决母子的居住问题。

除此以外，原告父母条件也较好，能帮助原告照顾外孙。原告父母身体不错，母亲系医院护士退休，父亲系研究所退休，经济条件也较好。

2. 被告系高中毕业，目前无业，______年______月左右又将自己仅有的住所出租，目前没有固定住所，不利于抚养孩子。除此以外，被告脾气急躁，除多次对原告实施家庭暴力外，还曾打伤他人，经派出所调解，赔偿受害人1万元。其性格显然不适合直接抚养子女。且双方分居期间被告没给过一分钱抚养费，也未尽到监护人的基本责任。

被告父母早已离异，被告一直与母亲生活，因此其父不可能帮助照顾孙子，而被告母亲居住在美国，也不可能帮助照顾孙子。

因此，从双方条件看，显然原告的情况更适合直接抚养子女。且子女刚刚2岁，与母亲十分依恋，从未离开过母亲，突然改变成长环境对其生活和心理将有极大影响，不利于子女成长。

（三）原告身体状况难再生育

1. 原告患有多囊卵巢综合征，该种疾病几乎不能怀孕，原告能怀孕生下儿子几乎是个奇迹，因此原告再怀孕的可能性非常小。

2. 原告腰椎还做过大手术，腰椎被摘除一块，因此，怀孕也有极大风险，______年生产时，医生表示，原告生产有可能导致全身瘫痪，但原告仍然不顾个人安危毅然生下儿子，为此被告深为感动，表示夫妻的矛盾从此既往不咎，会好好与原告过日子。

考虑到原告很难生育的特殊情况，也希望被告予以理解，能够同意子女归原告抚养，原告同意离婚后被告按期探视子女，将离婚带给子女的负面影响降到最低。

（四）被告抚养费数额

目前被告无业，没有工作收入，但自______年______月起，被告将自己

13094

在西城区的房屋租出，根据该房面积及地理位置，每月租金应超过______元，原告要求每月______元的收入仅占20%，被告完全有能力承担。

自______年______月分居以来，一直由原告独自承担儿子的抚养费，男方未支付过任何子女抚养费，因此，被告还应支付______年______月至判决前的分居期间抚养费。

（五）子女探视权

结婚以来，被告与原告家人有诸多矛盾，为防止双方离婚后因子女探望权问题再发生争执，原告希望与被告协商或由法院判决，明确子女探望权，按约定或判决书履行。①

> 条文注解：对照《最高人民法院关于人民法院审理离婚案件处理子女抚养问题的若干具体意见》。
>
> 例：4. 父方与母方抚养子女的条件基本相同，双方均要求子女与其共同生活，但子女单独随祖父母或外祖父母共同生活多年，且祖父母或外祖父母要求并且有能力帮助子女照顾孙子女或外孙子女的，可作为子女随父或母生活的优先条件予以考虑。

三、夫妻共同财产及债权债务

原被告婚后主要共同财产为婚后购买的______室房屋和______室房屋。

综上，原告根据《婚姻法》和《民事诉讼法》的相关规定向贵院提起诉讼，请贵院依法判决！

此致

______人民法院

具状人：

年　　月　　日

10.财产清单（离婚纠纷）

使用场景：

离婚案件使用，针对离婚案件中原告在起诉之初，不愿过多告知被告自己得知的全部共同财产的情况，防止另一方拖延时间转移财产，所以起诉状的财产部分可以简化，而改以单独列财产清单的方式说明财产情况，开庭时再提交。这其实是将起诉状的一部分单列出来，在离婚案件中很常用。同时离婚案件往往在调查结束前夫妻共同财产的情况才能完全查明，如果财产复杂，到调查结束时，被告也可以单独组织财产清单。

法律要点：

1. 房屋是财产中经常出现的，说明房屋的基本情况，一般要列购买的时间，以谁的名义购买，有无向银行的借款，借款人是谁，借款金额和期限，目前还款的情况，房屋面积、居室情况，房款的出资来源等，如夫妻二人共同出资多少，一方父母出资多少，该父母出资是个什么性质（赠与单方、赠与双方、参与投资、借款等），房屋现值等。

2. 公司股权的情况，一般需写明入资时间，公司的注册资本，股东是谁，所占股权的比例，股权现值等。公司股权的现值在婚姻家庭案件中往往是一个难点，虽然法律规定，在双方对股权现价值不能达成一致的情况下，可以对股权价值进行评估，但实际操作有许多困难，很多情况下难以进行。股权评估，需要公司提供所有会计账目，只有在公司提供会计资料且资料真实的情况下，评估公司才能出具评估报告。实践中，股东或公司不配合的情况较多，很难拿到会计资料组织评估。

所以建议，非股东一方注意诉讼前涉案公司是否因融资等原因出具过对股权的评估报告，可以取得该证据后向法院提交以作参考。

实践中，也有主张股权价值与入资相当，法院以注册资本或入资额为参考对非股东一方进行折价补偿的情况。

还有法官直接将股权进行分割的情况，这种情况要受很多限制，要么是夫妻双方协商一致将出资额部分或者全部转让给该股东的配偶，过半数股东同意、其他股东明确表示放弃优先购买权的，要么是公司的股东只有夫妻二人或一人，无其他股东的情况。总之，公司股权的分割是婚姻家庭案件审判中的难点。

3. 汽车的情况，一般要写清购买时间、购买人即登记的所有权人、购买价、现值，以及现在的实际使用人。

14164

4. 存款、股票类财产，由于其经常变化及私密性的特点，一般需要法庭调查，出具明细单后方可确认价值，财产清单中可简单写明了解的情况，如男方名下有股票，开户的营业厅为某某证券公司某某营业部，股票价值约在××元等，依法查明后分割。

______与______夫妻财产及债权债务清单

一、个人财产

（一）原告______个人财产

1.______号房屋及车位

______年______月，原告______签订购房协议书，购买______房屋（含车位），该房为原告婚前出全资购买，为原告的婚前个人财产，不是夫妻共同财产。

2.______号房屋

该房为原告父母出资______元赠与原告个人的财产，建筑面积为______平方米，不是夫妻共同财产。

3.______有限公司______% 的股份

该______% 的股份为原告婚前______年______月入资获得，不是夫妻共同财产。

4.______号房屋

该房屋应为原告婚前所购个人财产，但婚后还贷本金及增值价值可作为夫妻共同财产分割。

（二）被告______个人财产

1.______号房屋

该房为被告于婚前出全款购买，建筑面积______平方米，为被告的婚前个人财产。

2.______号房屋

原告认可该房屋为被告婚前所购个人财产，但婚后还贷本金及增值价值应作为夫妻共同财产分割。

二、夫妻共同财产及债权债务

（一）房产

1.______号房屋

双方于婚后______年购买以______名义出全款购买，所有权登记在______名下。

2.______号房屋

______于婚前______年______月购买，首付款为______元，以______的名义向银行借款______万元，至______年______月共还贷款______元，其中婚前______个人偿还元，从结婚时______年______月至______年______月共还款______元（根据______证据______还贷清单计算）。该房产权登记在______名下，产权证号为______。该房建筑面积______平方米。

该房依法应归______所有，但婚后还贷的本金及增值可作为共同部分予以分割，可取得一半折价。离婚后贷款为______个人债务，由______继续偿还。

（二）公司股权

______持有的______有限公司______% 的股权。

婚后______年______月______日，______入资______有限公司______，成为该公司股东，公司注册资本______元，______持有该公司______% 的股份，该股权为夫妻共同财产。

（三）汽车

______轿车一辆（车牌号______）。

该车所有人登记为______，使用人为______。

该车购买时间为______年______月，价税合计______元，全款购买（或其中首付款元，其余______元为分期付款，共______期，已全部支付完毕；或其中首付款______元，其余______元为分期付款，共______期，目前已支付______期，尚余______期未支付）。

（四）存款

原告名下无存款。

______年原告曾转给被告______元存款，据估计，被告名下的存款应当超过______元，要求法庭依法查清后分割。

（五）共同债权及债务

1. 双方无共同债权。

2. 因还______名下及______名下房屋贷款、车贷等婚后共产生______元（其中还______房屋贷款______元，还______房屋贷款______元，还______轿车车贷及费用______元，______信用卡消费______元）对______有限公司的债务，系双方共同债务。

3. 离婚后______房屋未还银行贷款为______的个人债务，______房屋未还银行贷款为______的个人债务。

14164

三、共同财产、债务分割意见

1. 双方各自名下的个人财产（见本清单第一条）仍归各自所有。

2.______房屋归原告所有，被告享有相应折价。

3.______房屋归被告所有，原告享有相应折价（婚后还贷本金及增值的一半），未还贷款离婚后由被告继续偿还。

4.______名下的______公司的股权，同意归______所有，______享有相应折价。

5. 轿车一辆（车牌号______）归原告所有，离婚后原告继续偿还贷款，被告享有相应折价；考虑到______有婚前购买的车辆使用，婚姻存续期间以______名义购买的______轿车（车牌号______）应判归______所有为宜。

6. 原被告名下的存款归各自所有，______应向______支付存款差价______元。

7. 双方无共同债权，产生的______元对______有限公司的债务由______负债偿还，给付______共计______元。

原告：

年　　月　　日

11.上诉状（离婚纠纷）

使用场景：

离婚案件上诉时使用，因为考虑到婚姻家庭案件中离婚案件占主要数量，而且有其自己的特点，所以专门针对离婚案件设计的上诉状。

法律要点：

1. 上诉状与一审时的起诉状不同，起诉状重事实陈述，而上述状，不仅要陈述事实，而且要说明上诉的理由，即一审法院在事实认定、适用法律及程序等方面存在哪些问题，也就是说，一定要有法律分析的内容了。这也是为什么，我们说上诉状有些接近代理词的意思了，即便如此，二审时，代理词仍要单独书写，因为二者还是有区别，而且经过二审庭审，最终的代理意见才更全面更专业。

2. 离婚案件主要处理三大块内容，一是离婚，二是子女抚养，三是共同财产及债权债务分割，上诉主要针对这些内容，当然，也可能有其他的诉求，如对离婚损害赔偿的内容有异议等。

民事上诉状

上诉人（原审被告）______，男/女，______年______月______日出生，______族，工作单位及职务：______，住址：______，身份证号：______，电话：______。

被上诉人（原审原告）：______，女/男，______年______月______日出生，______族，工作单位及职务：______，住址：______，身份证号：______，电话：______。

上诉人不服______人民法院作出的______号民事判决书。依据《中华人民共和国民事诉讼法》的相关规定，特向贵院提起上诉。

诉讼请求

一、改判______号民事判决书第______项，判决______归上诉人抚养；

二、如二审法院仍旧判决子女归女方抚养，则改判______号民事判决书第三项，判决上诉人每两周可探视______一次，一次两天；

三、改判______号民事判决书第四项中关于房屋的分割内容，认定上诉人撤销赠与成立，______号房屋为______的个人财产，被上诉人仅享有婚后共同

13102

还贷部分所对应的折价；

四、一、二审诉讼费由双方平均承担。

事实及理由：

一、一审判决女儿归原告方抚养，对女儿成长不利

婚生女______现年2岁10个月，已超过两周岁，依法可以判归父亲抚养。且其处在成长的关键阶段，今后需面临入托、入学等众多人生环节。

被上诉人（一审原告）在一审第一次开庭中自述在______企业供职、第二次开庭又表示自己在北京______公司。不论其职业真伪，起码颇不稳定。且原告自称银行卡中余额仅有217元，基本无财产可言，根本不具备提供孩子正常成长的基本经济能力。原告既然自述就业，必然会将养育子女的责任转移到其父母身上，但原告自述其父母长期患病，显然无照顾幼女能力。加之原告母亲长期患有焦虑症、脾气暴躁、行事极端，对幼女成长极其不利。

总之，被上诉人______在北京无财产、无房屋、无户口、无稳定工作、且在其父母带病的情况下，根本无法为幼女提供健康适宜的成长环境。

上诉人及其父母，对孩子感情深厚，无论在原告孕产还是孩子养育期间都付出了巨大心力和物质。各方面条件均更有利。因此，将子女判归上诉人抚养，更有利于子女的健康成长。

二、一审法院对探望权的判决频率过低，时间过少，割裂了被告方与女儿的正常亲情联系

如二审法院不同意将子女抚养权判归上诉人，上诉人则要求对探望权进行改判。

在上诉人与被上诉人双方离婚纠纷期间，被上诉人一直不让上诉人接触子女，上诉人为保护幼儿身心，不愿与被上诉人一家发生冲突，争抢子女。但内心一直极度渴望与女儿的亲情，由于被上诉人的刻意隔离，已导致父女之间无法相认。被告方对孩子无一日不思念，上述隔离对上诉人及其父母心理感情伤害巨大。

一审法院所判决的一个月可以探视子女一次，一次一天，频率显然过低，时间过短。上诉人于情于理都无法接受。

三、一审将婚前购买的房屋作为夫妻共同财产分割，存在明显的认定事实和适用法律错误

一审基本情况：

根据以上情况，上诉人认为，一审法院主要存在以下认定事实和适用法律的错误：

（一）上诉人约定房屋为共有应认定为赠与性质，依法有权在不动产产权变动之前撤销赠与，房屋应判归______所有，被上诉人只能享有婚后还贷部分所对应的折价。

根据《最高人民法院关于适用〈中华人民共和国婚姻法〉若干问题的解释（三）》第六条（以下简称《司法解释三》第六条）的规定，婚前或者婚姻关系存续期间，当事人约定将一方所有的房产赠与另一方，赠与方在赠与房产变更登记之前撤销赠与，另一方请求判令继续履行的，人民法院可以按照《合同法》第一百八十六条的规定处理。

本案中，上诉人在结婚第二天将个人名下的房屋约定为夫妻共有，应视为将其中的一半赠与给了被上诉人______，应适用《司法解释三》第六条，认定为赠与行为。

同时，根据《合同法》第一百八十六条的规定，赠与人在赠与财产的权利转移之前可以撤销赠与。第一百八十七条规定，赠与的财产依法需要办理登记等手续的，应当办理有关手续。众所周知，不动产赠与的完成应以过户完成为准，既然未办理产权过户手续，应视为财产权利还未转移，上诉人依法可行使撤销权。上诉人在一审时明示法庭要撤销赠与，房屋就应当按照《司法解释三》第十条的规定判决归上诉人所有，被上诉人仅享有婚后共同还贷所对应的折价[1]。

> 条文注解：婚姻法《司法解释三》第十条　夫妻一方婚前签订不动产买卖合同，以个人财产支付首付款并在银行贷款，婚后用夫妻共同财产还贷，不动产登记于首付款支付方名下的，离婚时该不动产由双方协议处理。
>
> 依前款规定不能达成协议的，人民法院可以判决该不动产归产权登记一方，尚未归还的贷款为产权登记一方的个人债务。双方婚后共同还贷支付的款项及其相对应财产增值部分，离婚时应根据婚姻法第三十九条第一款规定的原则，由产权登记一方对另一方进行补偿。

一审法院在被告明示撤销赠与的前提下对于夫妻财产约定是不是适用赠与，被告有无撤销权等未做任何论述和考虑，只是认定夫妻财产约定有效，就认定房屋是夫妻共同财产，是明显的认定事实和适用法律错误。

（二）从“夫妻财产约定”内容看，赠与也是附条件和义务的，现条件和义务未达成，赠与理应可以被撤销。

因此，从这个角度来看，上诉人也完全可以撤销赠与，一审法院漠视被告撤销赠与的主张，也是明显的认定事实和适用法律错误。

（三）一审法院对上诉人父母对房屋的出资认为是债权问题，在被告提交了证据的情况下不处理，也是适用法律的错误，房屋如果作为共同财产分割，______父母对房屋的出资也应当认定为双方的共同债务、由双方共同承担

13102

才对。

一审中，上诉人（原审被告）已向法庭提交了证据______，可以证明______父母曾向房屋出资______元。该______元为投资款，理应享有相应份额的投资利益，______未经共同投资人同意，将房屋单独处分，侵犯了父母的财产权益。

而且，在……

一审法官未认定双方存在投资关系，但认为这是债权问题（判决书第6页），既然认为双方存在债权债务，在认定房屋为共有的前提下，在______已提交了全部证据的情况下，对______父母的出资理应认定为共同债务方为公平，对此，______在提交证据______父母出资凭证时，也在证明内容里提到过，即便法官认可了房屋的共同性质，父母的出资及增值也应一并认定为债务才对，一审法官并未处理，也是认定事实及适用法律错误。

四、即便按照一审法官的认定，其房屋折价的计算方法也出现了严重的错误

即便假设房屋就是夫妻的共同财产，一审法官在折价的计算上也出现了严重的错误，按照现最高人民法院对《关于适用〈中华人民共和国婚姻法〉若干问题的解释（三）》的相关解释，房屋价值是包含银行贷款利息的，所以未还贷款利息也要计算在未还债务范围内，但是一审法官只将未还贷款本金进行了扣减，少扣减了约30万元的利息，导致在______应给付______的折价方面，多计算了约______万元。一审法官的计算公式为：

而正确的计算公式应为：

综上所述，一审法院出现认定事实及适用法律错误，理应改判，请二审法院依法公正审理本案。

此致

______人民法院

3. 离婚后财产纠纷立案前文书

12.起诉状（离婚后财产纠纷之未分割）

使用场景：

离婚后财产纠纷有多种情况，有的是因为对原有离婚协议的不履行导致的，有的是有漏分财产或一方故意隐瞒财产未分割的等原因，该文书即针对无论何种原因但离婚后仍有未分割共同财产的情况设计。

法律要点：

1. 最高人民法院《关于适用〈中华人民共和国婚姻法〉若干问题的解释（三）》第十八条规定，离婚后，一方以尚有夫妻共同财产未处理为由向人民法院起诉请求分割的，经审查该财产确属离婚时未涉及的夫妻共同财产，人民法院应当依法予以分割。

离婚后财产纠纷案件是仅次于离婚案件的最常见的一种婚姻家庭案件，原告只要有证据证明共有物未在离婚时分割，均可提起该案由。关于诉讼时效问题，是这类案件中比较有争议的问题，最高人民法院对该条及该问题的解释是：一是对夫妻共同财产分割的请求，属于共有物分割请求权，夫妻对其共同财产的共同所有权是绝对权利，只要没有出现共有基础丧失或重大事由的情形而分割过就一直拥有共同的物权，不应当再规定诉讼时效。离婚后，经审查确属离婚时未涉及的财产，人民法院应当依法予以分割。二是夫妻作为共有人请求分割夫妻共同财产，只有在引起了夫妻共有法律关系发生重大变化时，才会存在一方原来拥有的物权共有权受到分割的情形。双方离婚后，一方以尚有夫妻共同财产未处理，以另一方侵害自己对夫妻财产的共有权为由向人民法院起诉请求分割，才能依据最高人民法院《关于适用〈中华人民共和国婚姻法〉若干问题的解释（一）》第三十一条的规定，适用二年（根据民法总则的规定，现应为三年）的诉讼时效。如果双方离婚后，该物权共有权没有实际发生变动，即没有被原夫妻共有人之外的其他人善意取得时，没被侵权行为改变共有权属状态，一方以尚有夫妻共同财产未处理，以分割夫妻财产的共有权为由向人民法院起诉请求分割未处理过的夫妻共同财产，不应当受到诉讼时效的限制；……[①]

13097

条文注解：最高人民法院民事审判第一庭编著：《最高人民法院婚姻法司法解释（三）理解与适用》，人民法院出版社 2011 年版，第 268~269 页。

由此可见，如果物权没有发生变动，或无被侵权的事实，基本上没有诉讼时效的限制。

2. 离婚后财产纠纷这一案由，基本可视为离婚案件的一种继续，因为无论是审判依据和原则、管辖原则均和离婚案一致，离婚后财产纠纷的被告如发现也有其他共有财产未分割，可直接以答辩的方式提起，无须反诉，离婚后财产纠纷可包罗所有未分割共同财产，包括离婚协议中未履行的也可包纳进来，是一个极其有效的案由，诉讼费的收取也和离婚案件一样，而不是按一般财产案件收取，较为低廉，是专业律师经常采纳的案由。

民事起诉状

原告______，女/男，______年______月______日出生，______族，工作单位及职务：______，住址：____________，电话：____________。

被告______，男/女，______年______月______日出生，______族，工作单位及职务：______，住址：____________，电话：____________。

案由：离婚后财产纠纷。

诉讼请求：

一、依法分割原被告婚姻存续期间的夫妻共同财产；

二、判决原告在被告支付完毕共同财产折价后一个月内，可以在被告婚前房屋内居住，作为被告对原告的困难帮助；

三、判决被告支付离婚损害赔偿款______元；

四、诉讼费由被告承担。

事实和理由：

一、原被告结婚及离婚的基本情况

原被告______年______月______日经人介绍相识，很快确立恋爱关系，______年______月______日在______民政局登记结婚，婚后______年______月______日生育一子______，现年 3 岁半。双方均系初婚。

……

二、夫妻共同财产情况

由于被骗离婚，双方的夫妻共同财产未进行分割，因此，原告不得不起诉要求分割，双方主要的夫妻共同财产为：

1.______车（车牌号：______）一辆，登记在被告名下；

2. 被告名下有存款，要求依法分割；

3. 被告名下住房公积金，要求依法分割。

被告采取欺骗手段与原告离婚，故意不分割夫妻共同财产给原告，属于恶意隐瞒转移财产的性质，同时与异性有婚外情并同居，存在明显的婚姻过错。依《婚姻法》第四十七条及相关司法解释要求对无过错方在财产分割方面进行照顾的规定，要求共同财产按原告 60%，被告 40% 的比例进行分割。

三、原告要求被告给予困难帮助

原告名下没有房屋，收入一般，属于生活困难，而被告名下有房屋，收入也高于原告，根据《婚姻法》第四十二条的规定，被告应从其住房等个人财产中给予适当帮助。因此，原告要求，在被告给付完毕上述夫妻共同财产的折价之后一个月内，可以与子女在被告的婚前房屋______号房屋内居住。

四、要求被告向原告支付离婚损害赔偿款______元

被告与异性有婚外情并同居生活，严重违反夫妻忠实义务，依《婚姻法》第四十六条之规定，要求向原告支付损害赔偿款______元。

请法庭依法判如所请。

此致

______人民法院

具状人：

年　　月　　日

13097

13.起诉状（离婚后财产纠纷未分割加未履行）

使用场景：

离婚后财产纠纷可能涉及多种情况，有的是因为对原有离婚协议的不履行导致的，有的是有漏分财产或一方故意隐瞒财产未分割的等原因，该文书即针对离婚后既有未分割共同财产又有已分割但未履行项的情况设计。

法律要点：

离婚后财产纠纷案由可以将漏分财产及已分割但是一方未履行的内容都加在一起，被告有自己不同的主张，比如认为在原告名下也有漏分财产或未履行项的，直接答辩即可，与离婚时财产分割的原则一致。诉讼费的收取也同离婚案件。

民事起诉书

原告一______，女，______年______月______日出生，______族，工作单位及职务：____________，住址：____________，电话：____________。

原告二______，女，______年______月______日出生，______族，学生，住址：________。

法定代理人______，女，______年______月______日出生，______族，工作单位及职务：____________，住址：____________，电话：____________。

被告______，男，______年______月______日出生，______族，工作单位及职务：____________，住址：____________，电话：____________。

案由：离婚后财产纠纷。

诉讼请求：

一、请求法院依法分割如下离婚时未分割的夫妻共同财产：

1. 判决原告一获得被告名下______%的______公司股份（对应公司股份______%，对应出资额______元）。

2. 判决被告名下______控股有限公司的股份（______%）归被告所有，原告获得折价______元。

二、请求法院依法判决被告履行离婚协议第二条，被告向原告二支付补偿款500万元。

三、请求法院依法确认__________文化传播有限公司______%的收益权归两原告所有。

四、本案诉讼费、诉讼财产保全费等费用由被告承担。

事实和理由：

一、双方离婚的基本情况

原被告原系夫妻关系，于______年______月______日登记结婚，婚后生育一女______（本案原告二）。后因男方存在婚姻过错于______年______月______日在______民政局办理了协议离婚。

原告一和被告原来夫妻感情尚好，一直共同经营公司，后因男方出轨且与其他异性生育子女，给原告______造成极大精神打击，无法维持正常家庭。在极大的精神压力下，原告一希望尽快解除与被告的婚姻，解脱痛苦，遂敦促男方尽快到民政局办理离婚。由于离婚心切，______年______月______日，双方来到______民政局时，甚至未准备好书面的离婚协议，因无书面离婚协议婚姻登记工作人员根本不予办理离婚登记，双方就到附近的小店内草草起草打印了离婚协议，对婚姻存续期间购买的房屋作出处理，对两人实际控制的______有限公司的收益权进行了分配，还约定男方对女方给予500万元的补偿。而对______名下的夫妻共有股份，未作任何处理。主要原因是，双方虽因男方过错离婚，但在公司经营方面，还有基本信任，且一直共同经营公司，相关公司的股权也存在质押状况，股权过户在当时也不可能，双方打算离婚后继续维持现有经营状况，待合适时再行办理股权分割事宜。因此，对被告所持有的两公司______有限公司和______控股有限公司的股份未作处理，仍保持共有状态，双方均认为在两公司的管理和利益分配方面不会产生任何问题。

二、离婚后情况

但离婚后，双方未能很好配合经营公司，产生矛盾并且矛盾不断加深，被告甚至威胁原告要将其清除出公司，原告称自己是股东，享有公司股份，有股东权益，有权对公司的经营及决策发表意见。被告声称离婚时双方只对______公司的收益有约定，其他公司股权均在被告名下，应由被告决策。原告这才认识到夫妻共同股份未分割已实际影响到了自己的切身利益，因此提出分配原夫妻共有股权，

13098

但被告拒不配合。

对于在离婚协议第二条中约定的男方要给女方的500万元补偿款，至今未履行；对于离婚协议第三条男方应保证支付给原告及女儿的______公司的______%的收益，原告也未收到过一分钱。

三、被告名下夫妻共有公司股权的情况

（一）______有限公司______%的股份

原被告婚后以被告名义在______投资有限公司持有______%的股份。

______公司注册资本为______元，其中原被告婚后共出资______元，以男方的名义享有______%的股份，公司注册地为______工商行政管理局，被告为法定代表人，公司住所为______。

该公司主要下属两家子公司，分别为：

1.______有限公司

______公司注册资本为______元，______公司系唯一股东。______公司注册地为______工商行政管理局______分局，被告为法定代表人，公司住所为______。

2. 有限公司

有限公司注册资本______元，共有股东______名，其中______公司出资______元，占有______%的股份。______公司注册地为______工商行政管理局，被告为法定代表人，公司住所为______。

（二）______控股有限公司______%的股份

原被告婚后以被告名义在______控股有限公司持有______%的股份。

______公司注册资本为______元，其中原被告出______元，以______的名义享有______%的股份，公司注册地为______工商行政管理局，法定代表人为______，公司住所为______。

综上所述，原告一和被告离婚仓促，对______公司及______公司的夫妻共同股权未分割，现双方矛盾激化，严重影响原告行使股东权益，为维护原告合法财产权，理应对上述股权依法分割，由于在本案中发现被告涉嫌重婚等重大婚姻过错，按婚姻法及相关司法解释规定及照顾女方及无过错方利益的原则，原告一要求获得未分割夫妻共同财产的60%。且原离婚协议内容合法有效，被告亦应履行离婚协议书内容，鉴于______公司______%的收益权（含出售股权的获益及每年分红等全部收益）的履行有时间延续性及不确定性，原告仅要求法院对该部分权益的归属予以确认。望法院严格依《婚姻法》及相关司法解释之规定，判如所请。

此致

______人民法院

具状人：

年　　月　　日

13098

4. 继承纠纷立案前文书

关注法天使

14.起诉状（遗嘱继承）

使用场景：

继承纠纷根据情况有多个下级案由，其中最常见的是遗嘱继承、法定继承和遗赠纠纷，特点稍有不同，本文书为遗嘱继承的起诉状，即针对被继承人留有遗嘱的情形。

法律要点：

1. 继承纠纷的当事人一般应当列所有法定继承人、受遗赠人，即其中一部分人为原告的话，其余所有人就应当均是被告，所以当事人常常是多人。相应地，立案时应当提交所有法定继承人与被继承人的亲属关系证明以及被继承人的死亡证明。

2. 根据民事诉讼法的规定，因继承遗产纠纷提起的诉讼，由被继承人死亡时住所地或者主要遗产所在地人民法院管辖。继承纠纷中的主要遗产往往是不动产，因此一般选择在不动产所在地法院起诉。

民事起诉状

原告______，女，______年______月______日出生，______族，工作单位及职务：____________，住址：____________，电话：____________。

被告一______，女，______年______月______日出生，______族，工作单位及职务：____________，住址：____________，电话：____________。

被告二______，女，______年______月______日出生，______族，工作单位及职务：____________，住址：____________，电话：____________。

被告三______，女，______年______月______日出生，______族，工作单位及职务：____________，住址：____________，电话：____________。

案由：遗嘱继承纠纷。

诉讼请求：

一、判决由原告继承被继承人______以下全部遗产：

1.______号房产 50% 的产权；

2. 被继承人名下存款的一半共计______元。

二、诉讼费由被告承担。

事实与理由：

一、事实经过

被告______与被继承人______系夫妻关系，育有三个子女，分别为长女被告、长子被告______和小女儿原告______。在______查出患有癌症前，家庭关系还算和睦。

……

被继承人认识到，被告父子二人不愿意为其治病花钱，即便她只剩下几个月的生命，她对父子二人的行为感到气愤与失望，遂于病患中立下遗嘱，将自己的财产份额，即______号房产中属于自己的产权份额和夫妻共同存款中属于自己的份额，全部留给了原告______继承。

被继承人去世后，被告______便意欲出卖______号房屋。被继承人的存折也一直由被告______持有。

二、遗产范围

（一）______号房产 50% 的产权份额

该房系______与______婚姻存续期间购买，建筑面积______平方米，房产证号为：______，为夫妻共同财产。该房的一半产权应为被继承人的遗产。

（二）被继承人名下存款的一半共计______元

被继承人在与被告______婚姻存续期间，共积蓄存款______元，相关存折和存单均由被告______持有。该存款扣除用于被继承人治疗、丧葬等费用，现应剩余______余万元左右，其中一半份额共______元应为被继承人遗产。

原告认为，被继承人的遗嘱真实有效，依法应判决原告继承______的上述全部遗产。

此致

______区人民法院

具状人：

年　　月　　日

13099

关注法天使

15.起诉状（法定继承）

使用场景：

本文书为法定继承的起诉状，即不存在遗嘱的情况下使用。

法律要点：

法定继承案件，由于不存在遗嘱，所以遗产清单往往需要当事人查证，被继承人如列有遗嘱，遗嘱中一般会涉及所有遗产。

由于我国适用的夫妻财产制度为婚后所得共同制，所以，要求继承的遗产应考虑被继承人的婚姻状况，如系已婚，只能要求继承夫妻共同财产的一半价值。

民事起诉状

原告一______（中文名______），男，______年______月______日在北京出生，______族，现为美国国籍，无业，住______号，美国住址为：______，护照号______，电话______；（美国电话______）。

原告二______，女，______年______月______日出生，______族，工作单位及职务：____________，住址：____________，电话：____________。

原告三______，女，______年______月______日出生，______族，工作单位及职务：____________，住址：____________，电话：____________。

被告一______，男，______年______月______日出生，______族，工作单位及职务：____________，住址：____________，电话：____________。

被告二______，男，______年______月______日出生，______族，工作单位及职务：____________，住址：____________，电话：____________。

被告三______，男，______年______月______日出生，______族，工作单位及职务：____________，住址：____________，电话：____________。

案由：法定继承纠纷。

诉讼请求：

一、请求法院判决各法定继承人依法律规定按份继承被继承人______的以下遗产：

____________号房屋。

二、本案的诉讼费用由原被告分担。

事实与理由：

……

此致

______人民法院

具状人：

年　　月　　日

13100

5. 其他纠纷立案前文书

16.起诉状（撤销婚姻纠纷）

使用场景：

针对《婚姻法》第十一条的受胁迫婚姻情形，向人民法院申请撤销婚姻的起诉状。

法律要点：

1. 根据《婚姻法》第十一条之规定，因胁迫结婚的，受胁迫的一方可以向婚姻登记机关或人民法院请求撤销该婚姻。受胁迫的一方撤销婚姻的请求，应当自结婚登记之日起一年内提出。被非法限制人身自由的当事人请求撤销婚姻的，应当自恢复人身自由之日起一年内提出。所以应当注意提起该诉的除斥期间为一年，起算时点为结婚之日起或恢复人身自由之日起。

2. 根据《关于适用〈中华人民共和国婚姻法〉若干问题的解释（一）》第十条的规定，婚姻法第十一条所称的“胁迫”，是指行为人以给另一方当事人或者其近亲属的生命、身体健康、名誉、财产等方面造成损害为要挟，迫使另一方当事人违背真实意愿结婚的情况。

因受胁迫而请求撤销婚姻的，只能是受胁迫一方的婚姻关系当事人本人。

民事起诉状

原告______，女/男，______年______月______日出生，______族，工作单位及职务：____________，住址：____________，电话：____________。

被告______，男/女，______年______月______日出生，______族，工作单位及职务：____________，住址：____________，电话：____________。

案由：撤销婚姻纠纷。

诉讼请求：

一、依法撤销原被告之间的婚姻关系；

二、依法判令本案全部诉讼费用由被告承担。

事实和理由：

原、被告于2014年2月经朋友介绍相识，被告对原告一见钟情，原告现为______大学美术系四年级学生，被告无业。被告与原告相识后，其一直纠缠原告，在得知原告为大学学生之后，以毁坏原告名誉为由胁迫原告与其登记结婚，同时，被告趁原告母亲不在家期间，多次到原告家中吵闹，以暴力、胁迫、恐吓等手段威胁原告，要对原告的人身、名誉造成损坏。原告因为年幼且父母离婚后一直跟随母亲生活，性格较为懦弱，不得不违背自己的真实意思，于______年______月______日与被告登记结婚。双方登记后被告并未改变对原告的态度，还是一如既往的打骂吵闹，造成原告无法正常生活。

根据《中华人民共和国婚姻法》第十一条之规定，因胁迫结婚的，受胁迫的一方可以向婚姻登记机关或人民法院请求撤销该婚姻。受胁迫的一方撤销婚姻的请求，应当自结婚登记之日起一年内提出。

现依据《中华人民共和国婚姻法》第十条之规定，向贵院提起诉讼，请贵院依法支持原告的诉讼请求。

此致

______人民法院

具状人（签字）：

年　　月　　日

5613

17.起诉状（变更抚养关系纠纷）

使用场景：

离婚后无抚养权一方要求变更抚养权至自己名下，或者有抚养权人出现无力抚养子女等情形，要求将抚养权变更给另一方时使用。

法律要点：

1. 根据《最高人民法院关于人民法院审理离婚案件处理子女抚养问题的若干具体意见》第十六条之规定，一方要求变更子女抚养关系有下列情形之一的，应予支持。

（1）与子女共同生活的一方因患严重疾病或因伤残无力继续抚养子女的；

（2）与子女共同生活的一方不尽抚养义务或有虐待子女行为，或其与子女共同生活对子女身心健康确有不利影响的；

（3）十周岁以上未成年子女，愿随另一方生活，该方又有抚养能力的；

（4）有其他正当理由需要变更的。

即离婚后只有有上述情形，变更抚养关系才有可能被支持。

2. 同时，根据上述司法解释第十七条的规定，父母双方协议变更子女抚养关系的，应予准许。因有的当事人双方虽能达成一致的变更抚养关系的意见，但双方想对该事项进行法律上的确认，因此通过诉讼达成调解的方式，正式将抚养权变更归另一方享有。

民事起诉状

原告______，女/男，______年______月______日出生，______族，工作单位及职务：____________，住址：____________，电话：____________。

被告______，男/女，______年______月______日出生，______族，工作单位及职务：____________，住址：____________，电话：____________。

案由：变更抚养关系纠纷。

诉讼请求：

一、依法判决变更原被告婚生女______的抚养权归原告所有；

二、依法判令被告每月支付抚养费______元；

三、依法判令本案全部诉讼费用由被告承担。

事实和理由：

原告与被告经人介绍认识，于______年______月______日登记结婚。婚后原、被告于______年______月______日生育一女孩______。原、被告婚前了解较少，草率结婚，婚后原、被告性格不合，经常发生矛盾，因家庭琐事时常吵架。原、被告无法共同生活在一起，感情完全破裂，于是原、被告于______年______月______日达成离婚协议，并到民政局办理了离婚手续。协议约定______婚生女______由被告抚养。

原、被告离婚后，被告不准原告及家人去探视子女。原告去看孩子时，被告极力阻止，还辱骂原告，以致原告无法看望孩子，沟通感情，严重侵害了原告的探视权。经原告了解，被告对孩子毫不负责，不对孩子管理教育，致使孩子转了好几所学校，孩子成绩一塌糊涂。并且原告了解到被告经常打骂孩子，恐吓孩子。有一次，被告无故将孩子打哭，以致不可收拾，无奈之下把原告母亲叫到家里，这才抚慰好孩子。据原告了解被告打孩子是家常便饭。被告的行为对孩子造成了严重的身体伤害和心理伤害，给孩子幼小的心灵带来了巨大的创伤，会给孩子的心理留下阴影。孩子如再与被告生活下去，后果不堪设想，非常不利于孩子的身心成长。

原告为了维护自己的合法权益，为了孩子的健康成长，现依据《中华人民共和国民事诉讼法》和《中华人民共和国婚姻法》的相关规定，特向贵院提起诉讼，请求贵院依法判决，支持原告的诉讼请求。

此致

______人民法院

具状人（签字）：

年　　月　　日

5626

关注法天使

18.起诉状（抚养费纠纷）

使用场景：

分居期间、离婚后或解除同居关系后，不直接抚养子女的一方不支付子女抚养费，直接抚养一方起诉要求支付抚养费，或直接抚养一方认为原来约定的抚养费过低，要求提高，或不直接抚养子女的一方认为原来约定的抚养费过高，要求降低抚养费的案件起诉状。

法律要点：

1. 抚养费纠纷原告为未成年人的，后列法定代理人。

2. 依据《最高人民法院关于人民法院审理离婚案件处理子女抚养问题的若干具体意见》第七条之规定，子女抚育费的数额，可根据子女的实际需要、父母双方的负担能力和当地的实际生活水平确定。

有固定收入的，抚育费一般可按其月总收入的百分之二十至百分之三十的比例给付。负担两个以上子女抚育费的，比例可适当提高，但一般不得超过月总收入的百分之五十。无固定收入的，抚育费的数额可依据当年总收入或同行业平均收入，参照上述比例确定。

有特殊情况的，可适当提高或降低上述比例。

3. 抚育费应定期给付，有条件的可一次性给付。

民事起诉状

原告______，女/男，______年______月______日出生，______族，工作单位及职务：____________，住址：____________，电话：____________。

法定代理人______，女/男，______年______月______日出生，______族，工作单位及职务：____________，住址：____________，电话：____________。

被告______，男/女，______年______月______日出生，______族，工作单位及职务：____________，住址：____________，电话：____________。

案由：抚养费纠纷。

诉讼请求：

一、请求法院依法判令被告每月向原告支付抚养费 3000 元；

二、请求法院依法判令被告承担本案全部诉讼费用。

事实和理由：

被告系原告父亲。原告父母（原告法定代理人与被告）于________年________月______日离婚，原告跟随母亲生活，并由被告每月支付1000元，现在原告已上小学，学习、生活的费用也增多了，由于金融危机，母亲收入减少，不能满足原告的实际需要。再加上近几年物价飞涨，因此，原告要求被告支付更多的抚养费，于情于理于法都是应该的，完全合情合理。

根据婚姻法及其解释的相关规定，离婚后，一方抚养的子女，另一方应负担必要的生活费和教育费的一部分或全部；关于子女生活费和教育费的协议或判决，不妨碍子女在必要时向父母任何一方提出超过协议或判决原定数额的合理要求。另外，根据最高人民法院的司法解释，子女抚育费的数额，可根据子女的实际需要、父母双方的负担能力和当地的实际生活水平确定。抚育费一般可按其月总收入的百分之二十至百分之三十的比例给付。

现原告依据有关法律规定，特向贵院诉讼，请求法院判决被告向原告每月支付抚养费3000元。

为维护原告合法权益，特向贵院具状起诉，请依法公正判决。

此致

______人民法院

具状人：

法定代理人（签字）：

年　　月　　日

4856

关注法天使

19.起诉状（同居关系子女抚养纠纷）

使用场景：

专门针对同居期间生育子女的抚养纠纷制作的起诉状。

法律要点：

立案时应提交子女出生证。处理抚养权的原则与离婚案件相同。

民事起诉状

原告______，女/男，______年______月______日出生，______族，工作单位及职务：____________，住址：____________，电话：____________。

被告______，男/女，______年______月______日出生，______族，工作单位及职务：____________，住址：____________，电话：____________。

案由：同居关系子女抚养纠纷。

诉讼请求：

一、判决子女归原告抚养，被告一次性支付原告抚养费______元（自______年______月______日至______年______月______日），并继续按每月______元支付至原告满 18 周岁为止；

二、依法判决本案全部诉讼费用由被告承担。

事实和理由：

原被告于______年______月在______认识，然后双方开始正式同居。双方于同居期间______年______月______日生育一子，名为______。原告与______是亲生父子关系。______年______月______日起，原被告结束同居关系，原告及子女离开住所，子女实际一直同原告一起生活，分开时原被告双方并未正式商量子女的抚养权问题。

自双方结束同居生活，原告自行带子女以来，被告就没有给过小孩任何抚养费用。原告母亲多次要求被告依法履行法定义务，被告均置之不理。

《中华人民共和国婚姻法》第二十五条规定：非婚生子女享有与婚生子女同等的权利，任何人不得加以危害和歧视。不直接抚养非婚生子女的生父或生母，应当负担子女的生活费和教育费，直至子女能独立生活为止。

根据上述事实与法律，原告向贵院提起诉讼，请贵院依法确认原告拥有子女的抚养权，并支持原告向被告主张的抚养费请求。

此致

______人民法院

具状人（签字）：

年　　月　　日

5622

20.起诉状（探望权纠纷，抚养权人起诉）

关注法天使

使用场景：

原告有抚养权，被告探望扰乱生活，原告依法起诉要求法院明确探望的频率时间等。

法律要点：

1. 在诉讼离婚中，探望权不必然被处理，一般法院只需明确抚养权归属，并且处理抚养费问题即可。但如果一方提出希望法庭处理探视权问题，法院一般也会在离婚案件中予以明确。如果是双方通过民政机构办理的协议登记离婚，在离婚协议中也可能未对探望权进行明确约定，或者约定不明导致履行中发生争执。所以在离婚后，往往会发生这种探望权纠纷。

2. 虽然《婚姻法》明确规定了不直接抚养子女一方法定的探视权利，[①]但是对于具体如何探望，方式、时间和频率等，必须要有个明确的约定或判决，否则很容易在离婚后就探望问题，父母双方再发生矛盾和冲突，影响子女的成长。因此，《婚姻法》也规定了在双方就上述问题不能达成协议时，可以起诉，由法院判决处理。

条文注解：《婚姻法》第三十八条　离婚后，不直接抚养子女的父或母，有探望子女的权利，另一方有协助的义务。

行使探望权利的方式、时间由当事人协议；协议不成时，由人民法院判决。

父或母探望子女，不利于子女身心健康的，由人民法院依法中止探望的权利；中止的事由消失后，应当恢复探望的权利。

民事起诉状

原告______，男/女，______年______月______日出生，______族，工作单位及职务：____________，住址：____________，电话：____________。

被告______，女/男，______年______月______日出生，______族，工作单位及职务：____________，住址：____________，电话：____________。

案由：探望权纠纷。

诉讼请求：

一、判决被告每两周可探望子女一次，一次一天。

二、诉讼费由被告承担。

事实与理由：

原被告原系夫妻关系，后原告起诉离婚，______年______月______日，二审法院______人民法院出具______号民事调解书并送达双方，原被告离婚，婚生子______由原告抚养，但并未就探望权进行处理。

原被告离婚后，被告每周都要强行将孩子接走三四天，每次都是打个电话说要接孩子，然后就冲到学校或原告家中将孩子接走。原告不胜其烦，为了不在孩子面前发生直接的冲突，减少此事对孩子的不良影响，原告一直尽量强行忍耐，希望被告最终明白离婚带来的法律后果，回归理性。法院判决抚养权归原告，孩子的日常生活及教育等问题就应当主要由原告来负责和安排，但现在被告的行为已经严重扰乱了原告和子女的生活。由于教育理念和安排不一样，为了孩子的事情，两人也争执不断，对孩子的影响很不好。

为此，原告不得不起诉，要求法院明确判决被告探望孩子的时间及频率等，以保证原告和子女的正常生活。

此致

______人民法院

原告：

年　　月　　日

14239

21.起诉状（探望权纠纷，无抚养权方起诉）

使用场景：

原告无子女抚养权，但有探视权，抚养权人不配合的情况下起诉。

法律要点：

相较于上一种情况，在探望权纠纷案件中，这一种情况更为常见，即无抚养权的一方由于受到直接抚养子女一方的阻挠，经常见不到子女，或不能很好地探视子女，影响与子女的交流和感情。因此，要求明确探望方式、时间和频率等。

在司法实践中，对于如何判决子女探望权的问题，每个法官的处理稍有差别，比如有的法官只将频率大概写清，如判决每两周探视一次子女，每次一天。而有的法官，针对双方较为激化的探望权矛盾，将接送子女的时间，是否可带走探视，接送的地点等都判决得非常明确。前者灵活，后者明确，律师可根据案件的具体情况，提出自己的主张。

民事起诉状

原告______，男/女，______年______月______日出生，______族，工作单位及职务：____________，住址：____________，电话：____________。

被告______，男/女，______年______月______日出生，______族，工作单位及职务：____________，住址：____________，电话：____________。

案由：探望权纠纷。

诉讼请求：

一、判决原告每周可探望子女一次，周五晚上从被告处接走，周日晚上送回。

凡遇元旦、五一、国庆、春节、端午节、中秋节等国家法定节假日及儿子生日，双数年与原告度过，单数年与被告度过。

儿子上学后，每年寒假、暑假有一半时间在原告处度过。

二、诉讼费由被告承担。

事实与理由：

原被告原为夫妻关系，于______年______月______日在______民政局登记结婚，婚后

______年______月______日生育一子______，现年______岁______个月。因婚后男方有赌博等恶习，夫妻经常争吵，婚姻难以维继，两人于______年______月______日在______民政局办理了协议离婚。

原告虽然非常希望自己能够抚养儿子，但考虑到男方户口及实际居所在______区，女方离婚后居所在______区，______的教育显然更好些，为方便儿子将来上幼儿园和上学，接受较好的教育，女方同意儿子归男方抚养，双方商定，女方可随时探望子女，只要提前一天打电话通知男方即可。被告的母亲也和原告的母亲商定，说孩子周一到周五她看着，周末就交给原告母亲看。原告想，这样既解决了孩子的上学问题，自己每周也都能看到孩子，这个方案自己可以接受，才同意将不到 2 岁的儿子交给男方抚养。

离婚后第一周，原告母亲就给被告父母家打电话，但连着打了五个电话，被告父母就是不接，原告母亲非常想念外孙，在家哭了很久。第二周的周五，原告本人亲自来到爷爷奶奶家，但爷爷奶奶就是不肯开门，原告只好在楼道里等着，等到爷爷下楼遛弯时请求他让自己看孩子，但被告父亲非常绝情地推脱拒绝，让原告直接找被告。原告无奈打电话给被告，被告表示不让原告见孩子，说两位老人会有看累的一天，到时候会找她。在回去的路上遇见孩子爷爷，原告便再次想问孩子情况，结果孩子爷爷在街边向原告破口大骂，最后原告只能静静离开。原告伤心欲绝，孩子不到 2 岁，根本离不开母亲，自己已经有半个月见不到孩子了，不知道孩子是不是想妈妈，被告这种不顾母子亲情的做法对原告及其孩子都造成了很大的伤害，但原告还是无奈离开。第三周的周五，原告又来到爷爷奶奶家想探望孩子，但这一次连孩子的声音都没听到，后来才得知，爷爷奶奶怕原告周五再来看孩子，特意把孩子转移走了。第四周原告再次打电话给被告，希望他能安排自己见孩子，被告以原告见孩子对孩子不好为由，坚决拒绝，原告坚持，被告就对她破口大骂，并挂断电话。此后，被告根本不肯接原告的电话。因此，离婚后原告根本没见过孩子，什么时候能见到孩子也不得而知，原告思念子女，每日以泪洗面，非常后悔当初信任被告将子女交给他抚养。

原告也认识到，当初离婚协议中所写的可以随时探望子女，因为没有规定具体的时间频率，加上男方的肆意阻止，也不利于执行，为此，特起诉要求明确探望时间及频率，并要求被告不要违法阻止女方探望子女。原告认为，子女只有不到 2 岁，探望时间不宜间隔过长，因此要求每周探望一次，每次两天，由原告每周五晚上将孩子接走，每周日晚送回。为防止因为孩子节假日在哪里度过双方再次发生矛盾，原告还要求将节假日的分配也明确，要求凡遇元旦、五一、国庆、春节、端午节、中秋节等国

14245

家法定节假日及儿子生日，双数年与原告度过，单数年与被告度过。儿子上学后，每年寒假、暑假有一半时间在原告处度过。希望法庭考虑未成年子女成长利益，依法判如所请，并敦促男方依法履行配合义务，否则女方将考虑申请变更抚养关系。

此致

______人民法院

原告：

年　　月　　日

22.起诉状（婚姻无效纠纷）

使用场景：

针对《婚姻法》第十条无效婚姻的情形，向人民法院申请确认婚姻无效使用。

法律要点：

1. 婚姻无效的情形，主要规定在《婚姻法》第十条中：

有下列情形之一的，婚姻无效：

（一）重婚的；

（二）有禁止结婚的亲属关系的；

（三）婚前患有医学上认为不应当结婚的疾病，婚后尚未治愈的；

（四）未到法定婚龄的。

2. 虽然无效婚姻和可撤销婚姻的法律后果是一致的，就是婚姻自始无效，但是适用的情形不同，可撤销婚姻适用于胁迫婚姻，且撤销要受一年除斥期间的影响，而婚姻无效的，则不受此限制。但是根据最高人民法院《关于适用〈中华人民共和国婚姻法〉若干问题的解释（一）》第八条的规定，当事人依据《婚姻法》第十条的规定向人民法院申请宣告婚姻无效的，申请时，法定的无效婚姻情形已经消失的，人民法院不予支持。所以申请婚姻无效，必须要保证婚姻无效的情形仍然存在。比如，结婚时未达法定婚龄，但是后来双方均达到法定婚龄，无效婚姻的情形就消失了，婚姻有效，只是婚姻的效力从双方都符合法定婚龄时方产生效力。

民事起诉状

原告______，男/女，______年______月______日出生，______族，工作单位及职务：____________，住址：____________，电话：____________。

被告______，男/女，______年______月______日出生，______族，工作单位及职务：____________，住址：____________，电话：____________。

案由：婚姻无效纠纷。

5609

诉讼请求：

一、依法确认原被告的婚姻无效；

二、依法判令本案全部诉讼费用由被告承担。

事实和理由：

原告和被告系姨表兄妹关系，原告母亲与被告母亲系姐妹关系。________年______月______日，原告在父母的包办下与被告举行结婚仪式，后在______民政局办理结婚登记。______年______月______日生下一男孩______。

《中华人民共和国婚姻法》第十条规定：有下列情形之一的，婚姻无效：（1）重婚的；（2）有禁止结婚的亲属关系的；（3）婚前患有医学上认为不应当结婚的疾病，婚后尚未治愈的；（4）未到法定婚龄的。

由于原告不懂法律，不懂近亲结婚的危害，不懂法律，才与被告结婚。现依据《中华人民共和国婚姻法》第十条之规定，向贵院提起诉讼，请贵院依法支持原告的诉讼请求。

此致

______人民法院

具状人（签字）：

年　　月　　日

23.起诉状（收养人要求解除收养关系）

使用场景：

收养人要求解除与养子女的收养关系。

法律要点：

1. 该类型案件同离婚案件一样，如果法院判决维持收养关系的，在六个月之内是不能再次起诉的，六个月之后可以起诉。①

> 条文注解：《民事诉讼法》第一百二十四条　人民法院对下列起诉，分别情形，予以处理：
> ……
> （七）判决不准离婚和调解和好的离婚案件，判决、调解维持收养关系的案件，没有新情况、新理由，原告在六个月内又起诉的，不予受理。

2. 由于收养关系涉及养父母对养子女已经支付过抚养费，并从精力、时间等多方面付出对子女的抚育义务，即便判决解除收养关系，也要考虑相关费用补偿问题，对此，适用《收养法》第三十条的规定，即：

收养关系解除后，经养父母抚养的成年养子女，对缺乏劳动能力又缺乏生活来源的养父母，应当给付生活费。因养子女成年后虐待、遗弃养父母而解除收养关系的，养父母可以要求养子女补偿收养期间支出的生活费和教育费。

生父母要求解除收养关系的，养父母可以要求生父母适当补偿收养期间支出的生活费和教育费，但因养父母虐待、遗弃养子女而解除收养关系的除外。

民事起诉状

原告一______，男/女，______年______月______日出生，______族，工作单位及职务：____________，住址：____________，电话：____________。

原告二______，女/男，______年______月______日出生，______族，工作单位及职务：____________，住址：____________，电话：____________。

被告______，男/女，______年______月______日生，______族，工作单位及职务：____________，住址：____________，电话：____________。

5633

关注法天使

案由：解除收养关系纠纷。

诉讼请求：

一、依法判决解除原、被告之间的收养关系；

二、依法判决被告限期从原告处搬离；

三、依法判决被告支付收养期间支出的生活费、教育费______万元；

四、依法判决本案全部诉讼费用由被告承担。

事实和理由：

______年______月______日起，原告与被告建立收养关系。

二原告把被告抚养长大，毕业后，被告没有正式工作，吃住都靠二原告。2010 年原告又为被告办理了婚事。

但被告结婚后，不恋养育之恩，一改常态，纵容、伙同其妻子经常打骂、虐待原告，还拿刀威胁原告及亲属。被告甚至采取断电、半夜把电视机开到最大音量、往原告睡的房间门上扔皮球等方法从精神上折磨原告。原告因害怕被告及其妻子的暴力行为，长期在外躲避，有家不敢回。原、被告关系恶化，已无法共同生活。

《中华人民共和国收养法》第二十七条规定：养父母与成年养子女关系恶化、无法共同生活的，可以协议解除收养关系。不能达成协议的，可以向人民法院起诉。

为此，原告不得不向贵院起诉，请贵院判决支持原告的诉讼请求。

此致

______人民法院

具状人（签字）：

年　　月　　日

24.起诉状（送养人要求解除收养关系）

使用场景：

送养人认为收养人不适合抚养子女时，依法要求解除收养关系的情形。

法律要点：

1. 法律依据是《收养法》的第二十六条。[1]

> 条文注解：《收养法》第二十六条　收养人在被收养人成年以前，不得解除收养关系，但收养人、送养人双方协议解除的除外，养子女年满十周岁以上的，应当征得本人同意。
>
> 收养人不履行抚养义务，有虐待、遗弃等侵害未成年养子女合法权益行为的，送养人有权要求解除养父母与养子女间的收养关系。送养人、收养人不能达成解除收养关系协议的，可以向人民法院起诉。

2. 根据《收养法》第二十六条之规定，如果被收养人已经超过十周岁，对于解除收养关系，要征求被收养人的意见。因现在民法总则已将八周岁以上的未成年人规定为限制民事行为能力人，实践中此处也应相应调整。

民事起诉状

原告一______，男 / 女，______年______月______日出生，______族，工作单位及职务：____________，住址：____________，电话：____________。

原告二______，女 / 男，______年______月______日出生，______族，工作单位及职务：____________，住址：____________，电话：____________。

被告一______，男 / 女，______年______月______日出生，______族，工作单位及职务：____________，住址：____________，电话：____________。

被告二______，女 / 男，______年______月______日出生，______族，工作单位及职务：____________，住址：____________，电话：____________。

案由：解除收养关系纠纷。

诉讼请求：

一、依法判决解除原、被告之间的收养协议；

5636

二、依法判决本案全部诉讼费用由被告承担。

事实和理由：

经原告与被告协商，于______年______月______日在______民政局办理了收养登记，原告之子______与被告建立收养关系。

但之后，据原告了解，被告未履行收养义务，对子女______一直不管不顾，缺少基本的照料，动不动就打骂、虐待。原告了解到这个情况后，深为痛心。

《中华人民共和国收养法》第二十六条规定：收养人不履行抚养义务，有虐待、遗弃等侵害未成年养子女合法权益行为的，送养人有权要求解除养父母与养子女间的收养关系。送养人、收养人不能达成解除收养关系协议的，可以向人民法院起诉。

为此，原告不得不向贵院起诉，请贵院判决支持原告的诉讼请求。

此致

______人民法院

具状人（签字）：

年　　月　　日

25.起诉状（赡养费纠纷）

使用场景：

赡养人与被赡养人就赡养费发生矛盾时起诉使用的文书。

法律要点：

子女对父母的赡养义务是《婚姻法》明确规定的义务，[1]也是中华民族的传统美德。除以赡养费的方式对父母进行赡养外，有些案件可能会涉及看望父母等义务，在一些判决书中也出现过类似的内容。如果诉讼请求不仅于赡养费，建议采纳上级案由“赡养纠纷”。

> 条文注解：《婚姻法》第二十一条　父母对子女有抚养教育的义务；子女对父母有赡养扶助的义务。
>
> 父母不履行抚养义务时，未成年的或不能独立生活的子女，有要求父母付给抚养费的权利。
>
> 子女不履行赡养义务时，无劳动能力的或生活困难的父母，有要求子女付给赡养费的权利。
>
> 禁止溺婴、弃婴和其他残害婴儿的行为。

民事起诉状

原告______，男/女，______年______月______日出生，______族，工作单位及职务：____________，住址：____________，电话：____________。

被告______，男/女，______年______月______日出生，______族，工作单位及职务：____________，住址：____________，电话：____________。

案由：赡养费纠纷。

诉讼请求：

一、依法判决被告每月向原告支付赡养费______元（包括生活费、医药费）；

二、依法判令本案全部诉讼费用由被告承担。

事实和理由：

原告是被告的亲生父亲。被告有一儿一女，由原告和原告妻子抚养成人。三年前原告妻子去世了。三年来，原告身体不好，经常生病。先患胃穿孔病，好转后又患骨质增生病。骨质增生病好转后，现又患淋巴瘤增生。原告为治病

5629

花光所有积蓄，被告在珠海市工作，一直对原告不尽赡养照顾义务。原告一人在家，生活难以自理，且无其他收入，无法维持正常生活与治病。

为此，原告不得不向贵院起诉，请贵院判决支持原告的诉讼请求。

此致

______人民法院

具状人（签字）：

年　　月　　日

26.起诉状（夫妻财产约定纠纷）

使用场景：

夫妻之间就签订的夫妻财产约定相关事宜发生争议时起诉使用的文书。

法律要点：

夫妻财产约定的效力非常高，在夫妻不离婚的前提下，可以签订夫妻财产约定改变夫妻财产的归属，比如，约定原为一方的财产为夫妻共同所有，或约定夫妻共有的财产为一方的个人财产等。夫妻财产约定在形式上没有过高的要求，只要是书面形式，不需要公证，即产生效力，因此只要不存在胁迫等情形，一旦签署，难以撤销。

民事起诉状

原告______，男/女，______年______月______日出生，______族，工作单位及职务：____________，住址：____________，电话：____________。

被告______，女/男，______年______月______日出生，______族，工作单位及职务：____________，住址：____________，电话：____________。

案由：夫妻财产约定纠纷。

诉讼请求：

一、依法撤销原被告签订的夫妻财产约定协议书。

二、诉讼费由被告承担。

事实和理由：

原被告系夫妻关系，双方均系再婚。______年______月，原告的前妻和小女儿因意外事故突然去世，原告精神受到了极大的打击。为解决原告的生活问题，家人极力主张原告再婚。经介绍，原被告于______年底认识，______年______月______日双方在______登记结婚。当时被告介绍自己的情况是丧偶，结婚后，原告偶然发现其实被告的情况是离异。年龄方面，被告当初介绍自己比原告小五岁，但后来发现被告的身份证是______年的，实际只相差三岁。这些现象让原告感到被告不够诚实，但被告并没有放在心上，双方婚后感情一直很好。

14256

原被告婚后共购买共同房屋三处，一是______号（以下简称 102 房屋），建筑面积是 42.70 平方米。一处是______号（以下简称 2042 房屋），建筑面积 78.60 平方米。一处是______号（以下简称 202 房屋），建筑面积 130.13 平方米。前两套房屋原为原告单位分配给原告的房屋，房改时以原告名义购买，202 号房屋为双方婚姻存续期间购买的商品房，以被告名义购买。

其中 102 房屋虽以原告的名义购买，但一直由原告的岳母______老人居住，且由于历史原因，原告及家人均认可______对该房享有居住权。因 20 世纪 70 年代______在______胡同有两间承租的公房，______的独生女儿______当时已与原告结婚，结婚后原告及______和原告的父亲______一起住在______胡同 75 号院内，这个小院原本是______的私房，“文化大革命”时，私房收归公有，该院由原告父母、原告一家、原告的弟弟和妹妹居住，另外还有一户人家______居住其中的一间半。为与独生女儿住在一起，______老人与______一家调换了房屋，也搬到了 75 号院内居住。“文化大革命”后恢复政策时，国家又将 75 号院交还了原告的父亲，但对于______老人原先享有的公房承租权益，国家及原告一家未给予任何补偿，当时原告一家商量，由原告和______解决______老人的居住问题，保证老人终生都有自己的房屋居住，______表示同意。1976 年，原告分配了______号的两居室房屋，______老人与女儿______和原告共同居住。1986 年，原告又在车公庄分得一处房屋，原告和前妻及小女儿仍在______房屋内居住，______带着原告的大女______和儿子______在______房屋内居住。1990 年 7 月，原告的前妻______和小女儿外出旅游时发生意外事故突然去世，原告精神受到极大的打击，原告的工作单位对原告非常照顾，为解决原告的生活问题，将原告在______和______的两套房屋调成______号院内的两套房屋，因这两套房屋相隔不远，原告的家人比较方便照顾他，其中特别为解决______老人的生活问题，调换了一处一楼的一居室，也就是 102 房屋，从 1991 年开始，______老人便一直住在该房内。房改时，虽然以原告的名义购买了该房，但原告一家均认可______可终生在此房内居住。

2007 年 3 月，因为身体多病，______老人为减轻家人的负担，主动提出到养老院居住，原告经考查后同意，但表示，102 房屋会为老人一直保留。初期，______老人经常周末回 102 房屋居住，且养老院的规定是，老人有病时必须回家，因______已 90 多高龄，身体又非常不好，所以原告一家一直为老人保留该处住房，她生病时可以回家休息。但被告提出要将该房重新装修后出租，原告及家人表示该房应当为______保留，不能违反承诺，且的大部分财物均在该房内。为此，被告非常不满，对原告及其子女非常有意见，最后矛盾不断激化，被告干脆提出了离婚，要求分割财产。

原告已是70多岁高龄的老人，不能接受因为一点家庭矛盾就轻易离婚，因此坚决不同意。被告为达自己的目的，不断向原告施加压力，如不再承担任何家务，不洗衣不做饭，原告只好交钱找了一户邻居，到邻居家就餐，专门解决吃饭问题。由于原告的所有收入均在被告手中，原告生病时被告连医药费都不出，原告只好到单位查出工资卡的卡号，办理了挂失手续，重新申领了工资卡。原告生病时被告也不照顾，原告只好通知子女来照顾。不仅如此，被告还天天纠缠原告谈离婚的事，原告几乎夜不能眠，精神到了崩溃的边缘，身体也不能承受如此巨大的压力，患上了突发性耳聋。更有甚者，被告经常给原告的很多朋友领导打电话诉说原告的不是，表示要和原告离婚。原告退休时是______，在同事及朋友圈中极有威望，被告的这些行为，让原告精神上深受伤害，到了无法忍受的地步。这时，被告及被告的女儿______提出，不离婚也可以，但必须去做夫妻财产约定，将78平方米和130平方米的两处大房屋约定成被告的个人财产，将42平方米的______老人居住的房屋约定成原告的个人财产。

一直以来，被告就是因为房屋和财产的问题在和原告闹矛盾，被告提出了这个主张，原告认为如果自己把主要的房子都给了被告，被告就会平息愤怒，与自己安度晚年，停止各种骚扰行为，自己可以考虑，虽然原告知道这一约定的内容极不公平，但只要被告能和自己好好过日子，自己宁愿花钱买个平安。且多年来，自己的家庭是众多同事、朋友和邻居的典范，自己也不愿意轻易地放弃婚姻，因此表示，如果被告不和自己离婚，自己同意去做这个约定。被告表示只要做了约定自己不会再提出离婚，并于______年______月______日给原告写出书面的意见，表示“作为伴侣，只要______认可我，认为没有选错我的话，生活中还需要我，无论今后遇到任何情况，我都将永远与他相伴到永远”。看到被告的诚意，原告信以为真，经考虑后于______年______月______日双方到______公证处办理了夫妻财产约定公证，将102房屋约定为原告的个人财产，将202房屋和2042房屋约定为被告的个人财产。当天陪同他们一起去的，是被告的大女儿______，约定做完后，三人就到______房管局将2042房屋的产权人变更为被告。

做完夫妻财产约定后，被告稍有改变，但春节前，被告以听课为由离家，此后未与原告进行过任何联系，原告一个人在家过的春节。当原告质问被告为什么连个电话都不打时，被告却突然表示自己还是要离婚，并于______年______月______日写了一份书面材料，表达自己坚决离婚之意，并给原告10

14256

天的时间，否则将以法律程序提起离婚。看到这份材料，原告真如五雷轰顶，自己为了安度晚年，在财产方面已经做了巨大的牺牲，为什么被告出尔反尔，违反承诺，在自己做完财产约定后再次提出离婚，原告不能接受被告的这种欺骗行为。

______年______月______日，原告亲自到______房管局查询发现，2042房屋早于______年______月______日由被告转卖给被告的大女儿______。原告现在终于明白被告的这一切行为都是有预谋有准备的，被告并没有想和自己维持婚姻，而是早就做好了离婚的打算，签订夫妻财产约定时也无意再维持婚姻，她只是想利用自己不愿离婚的心理，骗取自己的信任，得到巨额财产利益而已，夫妻财产约定做完后两个月，被告就将房屋转移至女儿______名下，更是暴露了她与女儿恶意串通的实质。

据此，原告认为，被告存在恶意欺诈行为，原告对签订夫妻财产约定的前提存在重大误解，夫妻财产约定的内容显失公平，请求法院依法撤销该夫妻财产约定，上述三套房屋仍为夫妻共同财产。

此致

______人民法院

具状人：

年　　月　　日

27.起诉状（婚约财产纠纷）

使用场景：

当事人就婚约问题发生纠纷起诉使用的文书。

法律要点：

1. 此处的婚约，笔者理解是未结婚前订立的有关结婚的约定，并且以结婚为目的，可能还会发生给付彩礼等行为，因结婚未成可能产生与财产等有关的纠纷。

2. 最高人民法院《关于适用〈中华人民共和国婚姻法〉若干问题的解释（二）》第十条规定，当事人请求返还按照习俗给付的彩礼的，如果查明属于以下情形，人民法院应当予以支持：

（一）双方未办理结婚登记手续的；

（二）双方办理结婚登记手续但确未共同生活的；

（三）婚前给付并导致给付人生活困难的。

适用前款第（二）、（三）项的规定，应当以双方离婚为条件。

像这种婚约财产纠纷案件，要求返还彩礼的，一般应该依据第（一）款的理由主张返还。

民事起诉状

原告______，男/女，______年______月______日出生，______族，工作单位及职务：______，住址：____________，电话：____________。

被告______，女/男，______年______月______日出生，______族，工作单位及职务：______，住址：____________，电话：____________。

案由：婚约财产纠纷。

诉讼请求：

一、依法判令被告返还原告订婚彩礼______元，返还原告手链、耳环、戒指、项链（价值合计 11500 元）。

二、依法判令本案全部诉讼费用由被告承担。

5605

事实和理由：

______年______月，原、被告经媒人介绍相识并确立恋爱关系。经相处，双方都有结婚意愿，原、被告遂于______年______月______日按照地方风俗举行订婚仪式，并宴请亲朋好友。当日，原告交付被告订婚彩礼______元。双方还一同至______金店，由原告购买手链、耳环、戒指、项链当场交付给了被告。但不久，被告提出悔婚，并拒绝返还彩礼、金饰等。

原告认为：我国法律保障婚姻自由，原告无权强制被告缔结婚姻关系。但是，根据《最高人民法院关于适用〈中华人民共和国婚姻法〉若干问题的解释（二）》第十条第（一）款第一项“当事人请求返还按照习俗给付的彩礼，双方未办理结婚登记手续的，人民法院应当予以支持”的规定，被告应当如数返还原告借缔结婚姻为名所收受的财物。

据此，原告特向人民法院提起诉讼，请求法院维护原告合法权益。

此致

______人民法院

具状人（签字）：

年　　月　　日

28.起诉状（分家析产纠纷）

使用场景：

家庭成员之间就共同财产发生争议起诉要求析分财产使用的文书。

法律要点：

分家析产案件是针对家庭共同财产，家庭成员之间发生纠纷需要析产的情形。这类案件在农村较为常见，因为一家人在一个宅基地上建房，共同出资，共同居住的情形较多。城市拆迁中也常见该类案件，例如，由于家庭成员共同居住于公租房内，户籍均在此处，遇拆迁时，根据拆迁政策，要考虑被安置人数等多种因素，不一定仅是对房屋使用权的补偿，所以拆迁所得的款项或房屋也是家庭共同财产，需要析分，确定归属。

民事起诉状

原告一______，男/女，______年______月______日出生，______族，工作单位及职务：____________，住址：____________，电话：____________。

原告二______，男/女，______年______月______日出生，______族，工作单位及职务：____________，住址：____________，电话：____________。

被告一______，男/女，______年______月______日出生，______族，工作单位及职务：____________，住址：____________，电话：____________。

被告二______，男/女，______年______月______日出生，______族，工作单位及职务：____________，住址：____________，电话：____________。

案由：分家析产纠纷。

诉讼请求：

依法分割原、被告共同所有的房屋（地址：____________；面积：______平方米；产权证号：______）。

事实和理由：

原告一系被告一之母，原告二系被告一之父，被告一、二系夫妻。

5720

关注法天使

原告与被告共一户，系农业户口。______年______月______日，被告一以户主的身份在二原告与被告一共同使用的宅基地上申请建房。经有关部门批准后，在原告共同出资下，于______年______月______日，建成诉争房屋，原告及被告共同迁入新居。

______年______月______日，原告因与被告不和，被告将原告逐出家门，致使原告搬回老宅基地。

原告认为，诉争房虽以被告名义办理建房证，但系原告共同出资，系家庭共有财产，原被告共同共有。被告的行为侵犯了原告的合法权益，现原告要求分割共同所有的诉争房屋，故向法院提起诉讼。请依法公正判决。

此致

______人民法院

具状人（签字）：

年　　月　　日

29.起诉状（同居关系纠纷）

使用场景：

同居期间产生的子女抚养、财产纠纷等起诉要求法院处理时使用的文书。

法律要点：

1. 根据最高人民法院《关于适用〈中华人民共和国婚姻法〉若干问题的解释（二）》第一条之规定，当事人起诉请求解除同居关系的，人民法院不予受理。但当事人请求解除的同居关系，属于婚姻法第三条、第三十二条、第四十六条规定的“有配偶者与他人同居”的，人民法院应当受理并依法予以解除。

当事人因同居期间财产分割或者子女抚养纠纷提起诉讼的，人民法院应当受理。

当事人可以向法院起诉要求处理同居期间子女抚养和财产分割问题。

2. 处理子女抚养问题，与离婚案件的原则一样，主要依据《最高人民法院关于人民法院审理离婚案件处理子女抚养问题的若干具体意见》中的相关规定处理。

3. 关于同居期间的财产性质，到底是属于双方还是各自归各自所有，这个在法律上并没有明确的规定，只有一个较早的司法解释《关于人民法院审理未办结婚登记而以夫妻名义同居生活案件的若干意见》中有一些规定，即：

……

8. 人民法院审理非法同居关系的案件，如涉及非婚生子女抚养和财产分割问题，应一并予以解决。具体分割财产时，应照顾妇女、儿童的利益，考虑财产的实际情况和双方的过错程度，妥善分割。

……

10. 解除非法同居关系时，同居生活期间双方共同所得的收入和购置的财产，按一般共有财产处理，同居生活前，一方自愿赠送给对方的财物可比照赠与关系处理；一方向另一方索取的财物，可参照最高人民法院（84）法办字第112号《关于贯彻执行民事政策法律若干问题的意见》第十八条规定的精神处理。

11. 解除非法同居关系时，同居期间为共同生产、生活而形成的债权、债务，可按共同债权、债务处理。

12. 解除非法同居关系时，一方在共同生活期间患有严重疾病未治愈的，分割财产时，应予适当照顾，或者由另一方给予一次性的经济帮助。

5619

关注法天使

民事起诉状

原告______，男 / 女，______年______月______日出生，______族，工作单位及职务：____________，住址：____________，电话：____________。

被告______，男 / 女，______年______月______日出生，______族，工作单位及职务：____________，住址：____________，电话：____________。

案由：同居关系纠纷。

诉讼请求：

一、依法判决原、被告解除同居关系；

二、依法判决女儿______由原告抚养，被告支付抚养费______元 / 月至 18 周岁；

三、依法判决分割同居期间共同财产及债权债务；

四、依法判决本案全部诉讼费用由被告承担。

事实和理由：

原、被告于______年______月经人介绍相识，并于______年______月开始同居。双方曾于______年______月______日举行结婚仪式，但至今未领取结婚证。______年______月______日生一女儿______。

现双方在共同生活期间，性格极为不合，关系渐行渐远，目前双方都生活在巨大的痛苦之中，且无和好可能。

原告依据法律规定，向贵院提起诉讼，请贵院依法支持原告的诉讼请求。

此致

______人民法院

具状人（签字）：

年　　月　　日

（三）审理阶段文书

1. 所有案件适用

30.异议登记申请书

使用场景：

在涉及不动产确认和分割的很多案件中，认为自己有可能获得房屋所有权或相关折价时，为防止一方在诉讼期间私自出售房屋，转移财产，而采取对房屋申请异议登记时使用。

法律要点：

1. 很多涉及不动产的案件，均可以通过申请房屋异议登记，来达到保全不动产、在诉讼期间防止名义上的产权人单独出售房屋的目的。在离婚案件、继承案件、夫妻财产约定纠纷案、因婚姻家庭纠纷引发的所有权确认、物权保护等案件中都可能使用，是代替传统财产保全手段的快捷、方便和费用低廉的好方法，是这些案件中常用的文书之一。

2. 异议登记相比传统的财产保全，有以下几大优点：一是异议登记可以在诉讼前申请，即在立案前向不动产登记事务中心提出申请，经审核，该房屋即不能再发生物权变动等行为，但十五日内必须将立案文书交到房管部门。当然也可以在立案后直接拿立案凭证办理。总之，这样就达到了及时保全房屋之目的。而一般的诉前财产保全，难度较大，法院审核较严，还要提供财产担保，房屋价值较高，有的法院还要求提供等额担保，导致很多人难以筹措担保金而作罢。二是异议登记一般会维持到终审判决结束，在此期间均不能解除异议登记，如果房屋最终归异议登记人所有，对方即便在结案后，也无法解除异议登记，所以从期限上看，不需要像财产保全那样，如果到期未能结案，需要继续申请，以维持保全状态，异议登记显然在期限方面具有明显的优势。三是异议登记收费低廉，只需收极少的费用，而财产保全费及担保金往往是一笔大额资金，尤其是担保金，动辄上百万元，当事人负担较重，很难筹措。

13103

3. 异议登记也存在一些问题，不能在所有方面代替对不动产的财产保全，比如有些地方的不动产事务中心认为，根据《物权法》第十九条[①]之规定，在权利人、利害关系人认为不动产登记簿记载的事项错误的情况，可以申请更正登记。离婚案也好、所有权确认也好，都不属于登记事项错误，因此不同意进行异议登记。在北京、上海等地，可以接受对离婚纠纷、夫妻财产约定纠纷、所有权确认纠纷、继承纠纷等案件中的不动产进行异议登记，但还是有所限制，以北京某些区为例，一个案由仅能申请一次异议登记，如果第一次起诉离婚申请了异议登记，法院判决不准离婚的，六个月后再起诉，因为仍然是离婚案由，不动产登记事务中心可能就不予同意。总之，异议登记在某些方面仍然有限制，不可能完全代替对不动产的财产保全措施。

条文注解：《物权法》第十九条　权利人、利害关系人认为不动产登记簿记载的事项错误的，可以申请更正登记。不动产登记簿记载的权利人书面同意更正或者有证据证明登记确有错误的，登记机构应当予以更正。

不动产登记簿记载的权利人不同意更正的，利害关系人可以申请异议登记。登记机构予以异议登记的，申请人在异议登记之日起十五日内不起诉，异议登记失效。异议登记不当，造成权利人损害的，权利人可以向申请人请求损害赔偿。

异议登记申请书

申请人______，男/女，______年______月______日出生，______族，工作单位及职务：____________，住址：____________，电话：____________。

被申请人______，女/男，______年______月______日出生，______族，工作单位及职务：____________，住址：____________，电话：____________。

申请事项：

对______名下的位于______号房屋进行异议登记。

事实与理由：

申请人与被申请人系夫妻关系，两人于婚姻存续期间购买房屋一处，产权登记在名下。现申请人已向法院提起离婚诉讼，要求与______离婚，并要求分割以上夫妻共同房屋，上述房屋的所有权人有可能要变更，因此，特对______名下的______号房屋所有权申请异议登记，在诉讼期间，被申请人不得出售房屋，待诉讼结束，根据生效的法律文书确定实际的所有权人。

特此申请！

此致

______房屋管理局

申请人：

年　　月　　日

13103

关注法天使

31.管辖异议申请书

使用场景：

立案后被告在法定期间内对管辖提出异议的文书，常用。

法律要点：

1. 普通民事案件的管辖原则一般是原告就被告，即在被告的住所地，也就是户籍所在地起诉，但是如果被告离开了户籍所有地，在某地连续居住已超过一年，且现在仍在此居住的，该地为经常居住地，则案件应由被告经常居住地法院管辖。这是关于管辖最基本的原则。

如果是涉外案件，被告住所地在国外的，则可在原告住所地法院起诉，但是起诉状上的送达地址就必须是国外的居所地址。

2. 对管辖提出异议，最重要的是提交证据材料，如果认为案件应由经常居住地人民法院管辖的，应提交相关机构开具的居住证明，并提供其确实在此长住的其他证据。

管辖异议申请书

申请人______，男/女，______年______月______日出生，______族，工作单位及职务：______，住址：____________，电话：____________。

申请人因______诉______离婚一案，向你院提出管辖异议。

申请事项：

将该案移交有管辖权的______人民法院管辖。

事实与理由：

贵院受理的______诉______离婚纠纷一案［______字第______号］，原告在深圳市福田区起诉，申请人于 2015 年 12 月 4 日收到起诉书，但申请人住所地实际不在深圳市福田区，依法贵院并无该案的管辖权。具体的事实和理由为：

由于 2011 年 7 月申请人调到北京工作，因此从 2011 年 7 月起申请人就已经长住北京，只是偶尔到深圳与原告团聚，有时原告和子女也到北京来住在申请人的住所。申请人现仍然在北京工作，因此现在仍然住在北京。从 2011 年 7 月起，申请人即住在北京市朝阳区______小区内。2014 年 2 月，申请人搬到北京市朝阳区______号房屋内，仍然是朝阳区，即从 2011 年起申请人在北京市朝阳区已居住四年多。

根据《中华人民共和国民事诉讼法》第二十一条的规定，对公民提起的民事诉讼，由被告住所地人民法院管辖；被告住所地与经常居住地不一致的，由经常居住地人民法院管辖。根据《最高人民法院关于适用〈中华人民共和国民事诉讼法〉的解释》第四条的规定，公民的经常居住地是指公民离开住所地至起诉时已连续居住一年以上的地方。申请人户籍在上海，现在居住于北京，因此其户口所在地并非其住所地，申请人只有经常居住地，申请人至起诉时已在北京市朝阳区居住四年多，目前仍在此居住，显然其经常居住地为北京市朝阳区，因此，依法本案应由北京市朝阳区人民法院进行管辖审理，贵院无该案管辖权，请贵院将该案移交有管辖权的法院管辖。

特此申请！

此致

______人民法院

申请人：

年　　月　　日

13104

关注法天使

32.财产保全申请书

使用场景：

认为案件另一方当事人有可能私自隐藏、转移财产的情况，为保护财产安全，在诉讼期间或立案时提交，如在立案前提交则为诉前财产保全申请书。

法律要点：

1. 书写财产保全申请书，要写明理由，在没有正当理由的前提下，法院不能轻易对公民财产实施保全措施。同时，要写清楚要保全的财产情况，如要保全存款的，是保全当事人哪个账户的多少存款，数额要写清；如要保全公司股权的，要把公司信息、股东信息、要保全的股权比例等写清楚。

2. 申请财产保全，法院的审查较严格，要受到诸多限制，如笔者就曾申请对房屋按份共有人之一的产权份额进行保全，但是未获法院允许的情况，原因是法院认为保全措施一般针对整个物权，虽然当事人只申请保全了其中一个人名下的产权份额，但是会影响到其他共有人的利益，不同意对房屋进行保全，也无法实施对部分产权进行保全的措施。

3. 由于实施财产保全会影响到权利人的财产权益，因此，一般情况下，申请财产保全要提供担保，一旦保全错误影响到权利人的权益，需要对权利人进行赔偿。[①]

> 条文注解：《民事诉讼法》第一百零五条　申请有错误的，申请人应当赔偿被申请人因保全所遭受的损失。

财产保全申请书

申请人______，男/女，______年______月______日出生，______族，工作单位及职务：____________，住址：____________，电话：____________。

被申请人______，男/女，______年______月______日出生，______族，工作单位及职务：____________，住址：____________，电话：____________。

申请事项：

请求贵院对______持有的20%的______投资有限公司股权采取保全措施，即对被申请人名下 82% 公司股权中的 24.39% 的份额采取保全措施，相对应的出资额为 600 万元。

事实与理由：

申请人与被申请人原系夫妻关系，于______年______月______日登记结婚。后于______年______月______日在______民政局办理了协议离婚。由于原告受到男方出轨并与异性生育子女的极大精神打击，仓促离婚，离婚时未对______名下的夫妻共有股权作任何处理。离婚后，在双方共同经营公司中发生矛盾，原告要求获得应有的公司股权，被告拒不配合。原告无奈提起诉讼，要求法院依法分割______名下的夫妻共有股权，其中______在______投资有限公司有 82% 的股份（对应出资额 2460 万元）。为避免被告转移夫妻共同财产，维护原告的合法财产权，特请求法院对______投资有限公司中 20% 的公司股份（______名下，对应出资额 600 万元，相当于______所持有的 82% 公司股份中的约 24.39% 的份额）实施财产保全措施。该公司的基本情况如下：

______公司注册资本为3000万元，其中原被告共出资2460万元，以____________的名义享有82%的股份，公司注册地为北京市工商行政管理局，被告为法定代表人，公司住所为____________。

因申请人资金紧张，提供担保金有困难，因此只对被申请人名下部分股权申请保全措施，请法院依法批准申请人的申请。

此致

______人民法院

申请人：

年　　月　　日

附：公司注册地地址及营业执照复印件

______投资有限公司

注册地：______工商行政管理局

具体地点：

地址：

13105

关注法天使

33.评估申请书（房屋）

使用场景：

在涉及要确定不动产价值的案件中时使用，要在诉讼期间启动对房屋的评估申请，必须要有一方以书面方式向法院提出该申请，是常用文书之一。

法律要点：

1. 在涉及不动产分割的案件中，房屋价值的确定非常重要，如果诉讼中的双方不能对房屋的现市场价值达成一致，相差较大，而又没有人向法院提交书面的评估申请书，不能启动评估的，不能确定房屋价值，法官就无法对房屋作出实质性的分割。笔者接触的案例中，因双方都不申请评估，对现值又达不成一致的意见，法官只好判决保持共有，处理使用权，或者干脆不予处理分割。

2. 评估房屋的现市场价值，需要提供房产证，评估公司还要进入现场了解情况，拍照等。对于当事人不配合，评估进入不了现场的，建议申请人采取仅要求评估毛坏房的方式，通过改变评估要求，以使评估得以进行。因为不要求评估装修价值，只要求评估毛坯房价值，可以不用进入房屋。笔者经历过一方私自出售房屋后无法再进入现场的情况，也遇到过房屋居住人或控制人拒不配合评估的情况，在提交了房屋所有权证的证明，评估人员在小区及房屋外进行拍照了解情况，出具毛坯房价值的方法顺利解决了评估问题。这样只损失对装修价值的分割，对房屋分割的影响较小。

评估申请书

（______、______、______诉______、______、______法定继承纠纷一案）

申请人______，男，______年______月______日在北京出生，______族，现为美国国籍，无业，住______号，美国住址为：______USA，护照号______，电话______（美国电话：______）。

申请事项：

请求人民法院依法委托评估机构对位于______号房屋的现市场价值进行评估。

［或：请求人民法院依法委托评估机构对位于______号房屋的毛坯房现市场价值（不包括装修价值）进行评估。］

事实与理由：

______、______、______诉______、______、______法定继承纠纷一案已由贵院受理。本案目前仅有被继承人遗产______号房屋未处理，其余遗产已分割完毕。但对该房现市场价值原被告双方不能达成一致意见，申请人要求______号房屋归______所有，另两位原告、也同意申请人获得房屋，申请人愿意按市场价值计算给付其余继承人相应折价。为确定该房屋的现市场价值，根据《中华人民共和国民事诉讼法》第七十六条之规定，特向人民法院申请对上述房屋目前的市场价值进行评估。

此致

______人民法院

申请人：

年　　月　　日

13106

34.评估申请书（公司股权）

关注法天使

使用场景：

在涉及公司股权分割的案件中（离婚案居多），由于对公司股权的现价值达不成一致意见，往往需要对股权依法进行评估，此时应提交该书面申请。

法律要点：

在涉及公司股权分割的案件中，对股权现值达不成一致的情况很多，理论上一方可以提交该文书申请评估，但实际上能够进行评估的较少。原因就是股东一方不主动提供完整的可供评估的会计账目资料，评估难以进行。有时股东一方只是公司众多的股东之一，确实难以因个人原因需求公司提供全部会计资料，而有时，则是股东一方刻意阻挠评估。所以非股东一方可以适当寻找公司之前的评估报告以作参考。公司股权的价值及分割问题一直是离婚、继承案件中的难点。

评估申请书

申请人______，男/女，______年______月______日出生，______族，工作单位及职务：____________，住址：____________，电话：__________。

申请事项：

1. 对______有限公司的股权现价值进行评估。
2. 对______持有的______%的股权现价值进行评估。

事实与理由：

申请人______与被告______于______年______月______日登记结婚。______于婚后2009年10月22日入资______公司______元，成为该公司股东。公司注册资本______元，______持有该公司______%的股权。

从______年入资至今，该公司已运营______年，且运营良好。在庭审中双方对股权现值不能达成一致意见，且相差较大，为确定夫妻共有公司股权的现价值并依法分割，故向法院申请由专业的评估鉴定机构对______公司的股权现价值和______持有的______%的股权现在价值进行评估。

此致

______人民法院

申请人：

年　　月　　日

13107

关注法天使

35.笔迹鉴定申请书

使用场景：

在涉及对文书真实性怀疑时使用的申请书，如对欠条、遗嘱、夫妻财产约定等文书的笔迹真实性存疑，必须提交该申请书方可进行鉴定。

法律要点：

1. 笔迹鉴定必须提供样本用以和检材相比对。样本一般应选择与检材形成时间同期及在检材形成之前为宜，对于书写者仍在世的，还要做现场样本。

2. 由于样本不合格，或样本数量不够有可能导致鉴定不能进行，建议从书写人的书写习惯入手寻找样本材料。例如，继承案件，被继承人不在世了，但如果有写日记的习惯可以寻找日记本。实在找不到样本，可以考虑从其人事档案中调取一些材料，书写人有工作单位的，可从提交给单位的相关材料中选择。

3. 有些伪造文书的情况，是借用某些人曾签名的空白纸张，在上面加写内容，这种情况下，当事人可能需鉴定上下文形成的时间，以证明文书系伪造。笔者也曾提交要求鉴定上下文形成时间不一致的鉴定申请，但法院表示无法鉴定。因此，民事案件中申请鉴定笔迹形成时间较为困难。

笔迹鉴定申请书

申请人______，男/女，______年______月______日出生，______族，工作单位及职务：____________，住址：____________，电话：__________。

申请事项：

对借条（______年______月，借款金额100万元）中“______”三字是否本人书写进行鉴定。

事实与理由：

原告______、______起诉______民间借贷纠纷一案，在第一次开庭时，原告出示______年______月借条一张，所涉金额为100万元。据______回忆，自己从未签过这份字条，因另一被告______系原告______和______的亲生女儿，而______是______的前妻，有方便条件保留曾有______签名的纸张，二原告与______完全有条件恶意串通伪造借条。因此，申请人要求依法鉴定签名是否为自己本人书写。此证据为本案的重要证据，对查清事实非常重要。望法庭依法予以准许交由有资质有能力的鉴定机构进行鉴定。

申请人：

年　　月　　日

13108

关注法天使

36.录音证据司法鉴定申请书

使用场景：

在涉及对录音证据的真实性怀疑时，申请鉴定的文书。

法律要点：

对于音频文件，也有要求鉴定的，主要鉴定录音中声音是否系当事人，或涉案音频是否被剪辑等。进行音频鉴定的前提条件是一定要有原始载体，即音频原件，无原件的一般无法鉴定。因此，律师也要提醒当事人如果有音频证据，要在原载体，如手机、录音笔中保存好，可以复制，不能剪切。

录音证据司法鉴定申请书

申请人______，男 / 女，______年______月______日出生，______族，工作单位及职务：____________，住址：____________，电话：____________。

申请事项：

请求人民法院依法选定司法鉴定机构对______提交的录音证据（原告证据 5）的真实性、完整性及录音中声音同一性（录音中的男性声音是否系来自申请人）进行鉴定。

事实与理由：

______诉申请人______纠纷一案，已经法院两次开庭审理。庭审中，______曾提交录音证据光盘一张（原告证据 5），该证据共有三段录音，内容为______，该证据可以证明______确曾有______行为，存在______内容，违反法律的______规定。______在法庭上质证不认可该录音的真实性。该证据对于______具有重要意义。为维护申请人合法权益，特向贵院申请对该录音进行鉴定，以确定该录音的真实性、完整性及该录音中的男性声音是否来自申请人，望准许。

此致

______人民法院

申请人：

年　　月　　日

13110

37.延期举证申请书

使用场景：

民事案件在指定的举证期限内无法完成举证，或有客观原因不能在举证期限内提交证据的，在举证期限内向法官申请延期举证时提交。

法律要点：

根据《最高人民法院关于民事诉讼证据的若干规定》第三十六条的规定，“当事人在举证期限内提交证据材料确有困难的，应当在举证期限内向人民法院申请延期举证，经人民法院准许，可以适当延长举证期限。当事人在延长的举证期限内提交证据材料仍有困难的，可以再次提出延期申请，是否准许由人民法院决定。”因此，提交延期举证的申请，应当在举证期限内，这是律师要注意的。

延期举证申请书

申请人______，男/女，______年______月______日出生，______族，工作单位及职务：____________，住址：____________，电话：____________。

申请事项：

请求法院准予延期举证，以保障申请人的诉讼权利。

事实与理由：

关于申请人与被申请人之间的______纠纷一案，已经______人民法院立案受理。在答辩与举证期间，申请人发现本案基础事实复杂，案件涉及多家公司股权及境外财产（根据案件具体情况更换理由），相关部分的证据需要较长时间调取或进行公证，申请人对于其中有些事实和证据仍需调查核实。因时间仓促，申请人无法收集和调查上述相关证据，为保障申请人的诉讼权益，现依《中华人民共和国民事诉讼法》《最高人民法院关于民事诉讼证据的若干规定》的相关规定，特请求人民法院准予延期举证。

13111

此致

______人民法院

申请人：

年　　月　　日

38.延期开庭审理申请书

使用场景：

因特殊情况无法按法院要求的开庭时间开庭时提交。

法律要点：

根据《中华人民共和国民事诉讼法》第一百四十六条的规定，有下列情形之一的，可以延期开庭审理：

（一）必须到庭的当事人和其他诉讼参与人有正当理由没有到庭的；

（二）当事人临时提出回避申请的；

（三）需要通知新的证人到庭，调取新的证据，重新鉴定、勘验，或者需要补充调查的；

（四）其他应当延期的情形。

实践中，当事人因病、因工作，甚至是因律师开庭冲突都有可能导致不能按原计划开庭，需要递交延期开庭的申请书。

延期开庭审理申请书

申请人______，男/女，______年______月______日出生，______族，工作单位及职务：____________，住址：____________，电话：____________。

申请事项：

请求法院准予延期开庭，以保障申请人的诉讼权利。

事实与理由：

申请人与______纠纷一案，已经贵院受理，并定于______年______月______日______时开庭。因申请人的代理人在同一时间代理其他案件出庭参加诉讼（可以其他原因替代），不能准时参加本案的庭审，故特依《中华人民共和国民事诉讼法》第一百四十六条之规定，申请延期开庭审理，请予准许。

此致

______人民法院

申请人：

年　　月　　日

13109

39.调查取证申请书（存款）

关注法天使

使用场景：

在离婚、离婚后财产纠纷、继承案件中常用，需要调查当事人或被继承人存款时提交。因当事人和律师不能直接向银行调查存款证据，所以在没有存款证据的前提下，必须向法院提交此文书由法院代为调查。

法律要点：

1. 对银行存款提出调查申请，申请人应提供银行账号信息和具体的开户行信息，否则法院有权利不予调查。一般地讲，只要知道了账号信息，可以通过银行的客服电话了解到具体的开户行信息，并不是特别难的事情。有的法院，在当事人提供了具体的开户行信息，如某某银行北京中关村分行营业部，并且提供了开户人姓名和身份证号的情况下，即便没有提供户主的账号信息，也可能会去调取。

2. 查询的主要内容，首先是当前余额。另外，一般要查近期（一般指起诉前一年至二年）的交易明细记录，看是否有大额转出，如有，开户一方的当事人应当对去向进行说明，没有合理去向的，也要作为存款依法分割。

调查取证申请书

申请人______，男 / 女，______年______月______日出生，______族，工作单位及职务：____________，住址：____________，电话：____________。

被申请人______，女 / 男，______年______月______日出生，______族，工作单位及职务：____________，住址：____________，电话：____________。

申请事由：

请人民法院依法对被申请人______（身份证号为：______）名下的银行账号内财产情况进行调查。

具体查询内容：

1. 账户内目前余额；

2.______年______月______日至今的存取款交易明细；

3. 账户内附带理财产品或基金等其他财产的情况。

需查询账户及开户行信息：

账号：

开户行：______银行______分行______营业部

地址：

电话：

事实与理由：

原被告系夫妻关系，于______年______月______日登记结婚。现申请人起诉被告______离婚，但原告对被告名下的银行存款情况并不清楚，被告拒不主动提供，这属于案件当事人确因客观原因无法取证的情形。特申请法院对上述账户内的财产情况依法进行调查，以确定夫妻共同财产的具体情况，维护原告的合法财产权益，请准许申请人的申请！

此致

______人民法院

申请人：

年　　月　　日

13112

40.调查取证申请书（股票）

关注法天使

使用场景：

在离婚、离婚后财产纠纷、继承案件中常用，需要调查当事人或被继承人股票情况时提交。因当事人和律师一般不能直接向证券公司调查股票证据，所以在没有股票证据的前提下，必须向法院提交此文书由法院代为调查或为律师出具调查令调查。

法律要点：

向证券公司调取股票的信息，也要提供证券公司及开户的具体营业厅，开户人的证券账户号和资金账号等，但一般的，只要提供了开户的营业厅，查询法官可以通过开户人的姓名和身份证号查到证券账户号和资金账号。如果不能提供具体开户营业厅的线索，法官可能不予调取。

调取股票账户信息，一般主要指要调取现持有股票及对应市值，同时调取目前证券资金账户内的资金余额。至于资金账户转出至对应的银行账户的资金，应以查询存款的方式，具体查询银行账户明细，来要求分割。

调查取证申请书

申请人______，男/女，______年______月______日出生，______族，工作单位及职务：____________，住址：____________，电话：____________。

被申请人______，女/男，______年______月______日出生，______族，工作单位及职务：____________，住址：____________，电话：____________。

申请事由：

请人民法院依法对原告______（身份证号为：______）名下的证券账户内资金及股票信息情况进行调查。

具体查询内容：

1. 资金账户内目前资金余额（原告资金账号为：______）；
2. 资金账户从______年______月______日至今的资金账户明细；
3. 证券账户内目前股票情况及对应市值（原告证券账户号为：______）；

4. 与证券账户对应的______开户银行及银行账户号。

被申请人______证券账户开户信息：

一、______证券公司______营业部

地址：

电话：

证券账户号：

资金账号：

二、______证券公司______营业部

地址：

电话：

证券账户号：

资金账号：

被申请人姓名及身份证号：

事实与理由：

申请人与被告______离婚纠纷一案，被告婚后投资有股票，但被告拒不提供证券账户内股票情况和资金账号内资金情况，被申请人在中国______证券和______证券购买过股票，开户地址分别为______营业部和______营业部。该两个股票账户内资金余额及股票应为夫妻共同财产，应当依法予以分割。原告无法自行收集相关证据，这属于案件当事人确因客观原因无法取证情形，为依法查清婚后夫妻共同财产情况，故请求法院依法向______证券和_____证券调查，通过被申请人______的名字及身份证号查询其具体股票账户内信息，以确定股票及资金价值并依法予以分割。

此致

______人民法院

申请人：

年　　月　　日

13113

41.调查取证申请书（基金）

关注法天使

使用场景：

在离婚、离婚后财产纠纷、继承案件中，需要调查当事人或被继承人购买基金情况时提交。因当事人和律师一般不能直接向基金公司调查证据，所以在没有证据的前提下，必须向法院提交此文书由法院代为调查或为律师出具调查令调查。

法律要点：

查询基金是婚姻家庭案件中的一个难点，通过银行账户很难查到具体的基金信息，而且基金的买卖有反复性，通过银行账户也很难确认现持有基金的具体数额情况，在拿不到对方所签的相关合同信息的情况下，很难查询。如果当事人了解对方购买了哪家基金公司的产品的，也可以直接向法院申请要求向该基金公司进行调查。

调查取证申请书

申请人______，男/女，______年______月______日出生，______族，工作单位及职务：____________，住址：____________，电话：____________。

被申请人______，女/男，______年______月______日出生，______族，工作单位及职务：____________，住址：____________，电话：____________。

申请事由：

请人民法院依法对以下证据进行调查：

______在______基金管理有限公司自______年______月______日以来购买的基金的历史明细及现基金持有状况。

被申请人身份证号：

拟调查机构：

______基金管理有限公司

联系电话：

具体信息：

户名：

基金账号：

网点号：

事实与理由：

贵院受理的原告______诉被告______离婚纠纷一案，婚后原告______在______基金管理有限公司购有基金。该基金及获利系夫妻共同财产，但原告有意隐瞒，因个人名下基金属于财产隐私，______基金管理有限公司不能接受普通公民及律师的调查，这属于案件当事人确因客观原因无法取证的情形。为依法维护被告的财产权益，被告特申请贵院亲自向基金管理有限公司调取原告名下基金产品的证据。

此致

______人民法院

申请人：

年　　月　　日

13114

关注法天使

42.调查取证申请书（房屋）

使用场景：

在涉及不动产的案件中，可能需要调取房屋买卖合同、房产登记信息、房屋产权过户背景资料等证据，房管部门一般不直接接受当事人或律师调查，须向法官提交该书面文书由法院调查或出具调查令由律师调取。

法律要点：

在婚姻家庭案件中隐藏、转移房产的情况时有发生，甚至有时候，一方即便承认自己名下有房屋，也以材料丢失、是自己的个人财产等拒不提供房屋买卖合同、房产证等信息，在这种情况下，另一方就只能通过向法院申请调查的方法获取相关证据。

一般情况下，除要求法院依法调取房屋的产权登记材料外，最常要求调取的就是房屋买卖合同，房屋买卖合同是确定房屋是否是夫妻共同财产的一个至关重要的证据。从该份证据上，法官可看到购买人、购买时间、购买价款及支付方式、有无贷款等，通过这些信息来判断房屋性质。

调查取证申请书

申请人______，男/女，______年______月______日出生，______族，工作单位及职务：____________，住址：____________，电话：____________。

被申请人______，女/男，______年______月______日出生，______族，工作单位及职务：____________，住址：____________，电话：____________。

申请事项：

请求调取______室的购房合同、房产登记信息、是否有抵押登记等。

拟调查机构：

______不动产登记事务中心

地址：

电话：

事实与理由：

申请人______诉______离婚纠纷一案已由贵院受理，案号为______号。被告______结婚前，曾购买______室房屋一处。据申请人了解，______系以按揭方式购买，在婚后应有还贷。在第一次庭审中，______提出分割______个人房屋______栋房屋或在此居住，但实际上，被告______在婚前就购有自己的房屋，根本不需要居住在申请人的个人住房内。为依法查清被告______名下的房屋情况，以及该房在婚后是否有贷款偿还、是否有抵押登记，请求人民法院依法向房屋管理部门调取房屋买卖合同及产权登记信息等材料。如婚姻存续期间被告______有对该房的还贷，申请人申请依《最高人民法院关于适用〈中华人民共和国婚姻法〉若干问题的解释（三）》第十条的规定获得折价补偿。

综上，为查清被告______名下房屋情况及夫妻共同还贷情况，特申请法院依职权查询，或为申请人代理律师出具调查令依法调查。

此致

______人民法院

申请人：

年　　月　　日

附：持令律师信息

__________律师

________________律师事务所

执业证号：

13115

关注法天使

43.调查取证申请书（家庭暴力）

使用场景：

在离婚案件、申请人身保护令等案件中，可能涉及向公安机关及其他机关调取证据如报警记录、告诫书，需向法院申请调取证据或由律师持调查令调取，此时应向法院提交该文书。

法律要点：

有关家庭暴力的调查取证申请书，一般要提供拟调查机构，即公安机关，要提供到具体出警的派出所，以及出警警官，联系方式等。笔者曾提交过一个调查取证申请书，因当事人记不清是哪个警察出警，法院不予调取证据，原因是找不到当时的办案警察，难以调取。在这里，律师可向当事人建议，报警采用向110报警的方式，一般在电脑里都会有记录，而直接向派出所报警的，则不一定会有电子记录。同时申请书中也要把需调取的内容示明，如某年某月某日所做笔录等。

调查取证申请书

申请人______，男/女，______年______月______日出生，______族，工作单位及职务：______，住址：____________，电话：____________。

申请事由：

申请人民法院依法对相关报警记录、公安机关笔录、现场视频或照片等证据进行调查。

事实与理由：

原告______与被告______系夫妻关系，二人于______年______月______日登记结婚。婚后多年被告持续对申请人施以家庭暴力。2015年原告曾起诉离婚，______人民法院判决不准离婚。此后双方关系并无改善，原告不堪家庭暴力多次报警。为证明夫妻感情破裂等具体情形，请求法院依法向公安机关调取报警人报警记录、公安机关所作笔录及照片等与本案有关的证据材料，或为申请人代理律师出具调查令依法调查。

具体查询内容为：______派出所三次出警材料、相关笔录等。

1. 2014年5月3日报警、出警等相关材料。

报警人：

出警派出所：______派出所

出警警官：

电话：

情况：被告用开水泼原告。

2. 2015 年 11 月 12 日报警、出警等相关材料。

报警人：

出警派出所：______派出所

出警警官：

电话：

情况：被告打骂原告。

3. 2016 年 2 月 1 日报警、出警等相关材料。

报警人：

出警派出所：______派出所

电话：

情况：被告在女儿家闹事殴打原告。

此致

______人民法院

申请人：

年　　月　　日

附：相关信息

原告______，身份证号：

被告______，身份证号：

原告代理律师：

______，______律师事务所律师，执业证号：______，电话：______。

13116

关注法天使

44.调查取证申请书（住房公积金）

使用场景：

一般在离婚案件中使用，在当事人拒不提交住房公积金证据时，可向法院提交该文书，由法院向住房公积金管理中心或者所在单位调取，或出具调查令由律师调取。

法律要点：

可以查询住房公积金的机构，一是被调查人的工作单位，二是公积金管理中心。一般情况下，法官会让本人向单位申请开具公积金的证明，只有在本人不配合的情况下，才会强制调取。

查询的公积金数额，婚姻存续期间的是可以分割的，婚前部分应予以扣除。

调查取证申请书

申请人______，男/女，______年______月______日出生，______族，工作单位及职务：____________，住址：____________，电话：____________。

被申请人______，女/男，______年______月______日出生，______族，工作单位及职务：____________，住址：____________，电话：____________。

申请事由：

请人民法院依法对以下证据进行调查：

1. 名下公积金截至______年______月底的余额。

2. 原被告______（如婚姻存续等事由）期间的公积金数额（______年______月至______年______月）。

被申请人身份证号：

案由：______纠纷

拟调查机构：______有限公司

地址：

邮编：

电话：

拟调查机构：______公积金管理中心

地址：

电话：

事实与理由：

原被告原系______（如夫妻）关系，于______年______月______日（如在______民政局登记结婚），后双方于______年______月______日______（如办理了离婚登记），______财产（如夫妻共同财产）未做任何分割，原告对被告名下的公积金情况也不清楚。现请求法院依法调查，确定______期间（如婚姻存续期间）______名下公积金的数额，并依法分割。为维护原告的合法财产权益，请准许申请人的申请！

此致

______人民法院

申请人：

年　　月　　日

13119

45.调查令申请书

关注法天使

使用场景：

可针对所有调查事项使用，在所调查单位接受律师持调查令的情况下，均可直接向法院申请调取相关证据的调查令。

法律要点：

在法官在外地或工作繁忙，不方便直接调查的情况下，可以直接申请调查令，由代理律师持调查令前去调查取证；但是调取银行交易明细，必须由法院调取，目前各大银行均不接受律师持调查令调取银行交易明细证据。

调查令申请书

申请人______，男/女，______年______月______日出生，______族，工作单位及职务：____________，住址：____________，电话：____________。

申请事项：

为申请人的代理律师出具调查令。

贵院受理的______诉______离婚纠纷一案，庭审中被告______提交证据要求分割______名下______轿车一辆（车牌号：______）。实际上，该车系______有限公司出资购买并已列入公司的固定资产，是公司资产，而非原被告的共同财产，依法不应予以分割。为查明该车的情况，______已提交了______公司保留的______元购车支票存根（支票号：______）和______有限公司出具的该车购买情况说明。现仍需调取______有限公司或______有限公司的入账相关凭证。例如，上述车商账户收到该款的相关记录或内部收款凭证等。故特申请______人民法院为申请人的代理律师出具调查令，以便原告______和律师调取相关证据。调取书证内容如下：

______年______月______日，______公司支付购车款______元转账支票（支票号：______）一张，______公司或______公司收到该______元款项的相关银行凭证、会计凭证等。

车辆信息：

品牌：______轿车

车牌号：

车架号：

相关票据信息：

支票号：

发票号：

发票开具单位：

拟调查机构：

1.______有限公司

2.______有限公司

申请人：

委托代理律师：

年　　月　　日

附：持令律师信息

______律师

______律师事务所

执业证号：

13120

46.公司股东声明

使用场景：

离婚案件和继承案件中常用，在夫妻分割公司股权，或继承人继承公司股权时，公司同意新股东进入公司并且放弃优先购买权的情况下，提交的声明文书。

法律要点：

根据《最高人民法院关于适用〈中华人民共和国婚姻法〉若干问题的解释（二）》第十六条的规定，人民法院审理离婚案件，涉及分割夫妻共同财产中以一方名义在有限责任公司的出资额，另一方不是该公司股东的，按以下情形分别处理：

（一）夫妻双方协商一致将出资额部分或者全部转让给该股东的配偶，过半数股东同意、其他股东明确表示放弃优先购买权的，该股东的配偶可以成为该公司股东；

（二）夫妻双方就出资额转让份额和转让价格等事项协商一致后，过半数股东不同意转让，但愿意以同等价格购买该出资额的，人民法院可以对转让出资所得财产进行分割。过半数股东不同意转让，也不愿意以同等价格购买该出资额的，视为其同意转让，该股东的配偶可以成为该公司股东。

用于证明前款规定的过半数股东同意的证据，可以是股东会决议，也可以是当事人通过其他合法途径取得的股东的书面声明材料。

除股东会决议外，股东的书面声明是常用的证据，用以证明其同意涉案股东的配偶进入公司成为股东，且该股东放弃优先购买权。

声　　明

鉴于：

______（弃权股东）为______有限公司（以下简称公司）的合法股东之一，并依据公司章程规定持有公司百分之十五（15%）的股权；

______（股权出让方）为公司的另一股东，依据公司章程规定持有公司百分之八十五（85%）的股权；

______年______月______日，公司依法召开公司股东会，股东会形成决议，同意____（股权出让方）向______（股权受让方）转让其持有的公司部分（或______%）股权。

______（弃权股东）在此声明：

1. 本股东无条件放弃依据《中华人民共和国公司法》和《______有限公司章程》对出让股份享有的优先购买权，同意______成为新的股东。

2. 本股东放弃股权优先购买权的决定是无条件和不可撤销的。

3. 本股东同意就出让相关事宜对《______有限公司章程》进行相应的修改。

股东（签章）：

年　　月　　日

13121

关注法天使

47.撤销授权委托声明（全部更换）

使用场景：

在诉讼期间，因更换代理人而向法庭提交的声明，此版本为将原代理人完全更换为全新代理人的情况。

法律要点：

1. 根据《中华人民共和国民事诉讼法》第五十八条的规定，当事人、法定代理人可以委托一人至二人作为诉讼代理人。所以，当委托新的代理人导致人数超过两人时，要将原代理人撤换掉，法律规定只允许委托一人至二人作为诉讼代理人，有人数的限制。

2. 同时，该条还规定，下列人员可以被委托为诉讼代理人：

（一）律师、基层法律服务工作者；

（二）当事人的近亲属或者工作人员；

（三）当事人所在社区、单位以及有关社会团体推荐的公民。

此处的“当事人的近亲属”指的是：与当事人有夫妻、直系血亲、三代以内旁系血亲、近姻亲关系以及其他有抚养、赡养关系的亲属。①

> 条文注解：《最高人民法院关于适用〈中华人民共和国民事诉讼法〉的解释》第八十五条　根据民事诉讼法第五十八条第二款第二项规定，与当事人有夫妻、直系血亲、三代以内旁系血亲、近姻亲关系以及其他有抚养、赡养关系的亲属，可以当事人近亲属的名义作为诉讼代理人。

撤销授权委托声明

______人民法院：

______诉______离婚后财产纠纷一案，______原委托______律师事务所王××、赵××律师为代理人，现因委托人已更换代理人，______律师事务所张×律师为新的代理人，特撤销对王××、赵××律师的授权，并授权张×律师为______的新代理人。

特此声明！

委托人（声明人）：

年　　月　　日

13124

48.撤销授权委托声明（只更换一人）

使用场景：

在诉讼期间，因更换代理人而向法庭提交的声明，此版本为将原来的两名代理人中的一人进行更换的情况。

法律要点：

之所以将两名代理人中的一人进行更换，最常见的情况是代理人原为律师或实习律师，但根据案件的情况，需要一名近亲属作为代理人时，可撤销其中一名代理人身份，增加近亲属为代理人。婚姻家庭案件情况特殊，有时案件情况需要近亲属陪同开庭，而离婚等案件又往往因隐私等原因不公开审理，不能旁听，所以这时让近亲属作为代理人是较好的方法。

撤销授权委托声明

______人民法院：

______诉______离婚后财产纠纷一案，______原委托______律师事务所实习律师李××为代理人，现委托人拟更换______为新的代理人，特撤销对实习律师李××的授权，并授权其母______为新的代理人，另一代理人______律师保持不变。

特此声明！

委托人（声明人）：

年　　月　　日

13125

关注法天使

49.证据目录

使用场景：

提交证据时使用的目录（参考用）。

法律要点：

1. 笔者见过多种证据目录版本，此版本是笔者总结多年开庭经验而形成的，较为全面，所有信息基本一目了然。证据取得或登记时间这一栏可以填证据中涉及的最为关键的日期，省去法官询问时翻看证据的时间。备注一栏一般注明证据是原件还是复印件，如果提交复印件的话，是否有原件可核对。有些案件时间长，原件在当事人手中还是提交法庭，还是在律师手中，比较容易混乱，有时明明已提交原件给法院，当事人可能认为原件在律师手中要求返还，容易造成混乱，因此都应予以记录。

2. 书写目录时，有很多技巧，例如，证明内容，文字应简洁，却要切重要害，应当针对法律依据书写证明内容；证据编号应当做大流水排列，如本次证据为证据目录一，下次的题目就是证据目录二，证据目录二中的编号应接续证据目录一，以此类推。笔者所代理的大标的婚姻案件，证据数量多时要先后提交六七套，接近一百份证据，这时用大流水的方法排列序号方便法官寻找，方便法庭上的质证和交流。

证 据 目 录

提交人（签名）：　　　　　　　　　　　　　　　　　　　提交日期：

分类说明	编号	证据名称	种类	来源	取得或登记时间	证明内容	页码	备注

13149

2. 离婚案件诉讼期间文书

50.答辩状（离婚纠纷）

使用场景：

离婚案的被告答辩时需提交给法庭的文书。

法律要点：

离婚案件的答辩状和起诉状一样，与其他案件有很多不同之处。由于处于被告的位置，财产项一般不需要单列财产清单。答辩状的内容涵盖关于感情、子女抚养、财产分割等的全部内容，离婚案的答辩状还能起到类似于其他案件反诉状的某些目的，其单独提出的答辩意见，法官可以直接审理并判决。

由于答辩意见较多，也可以把主要答辩意见在最上方单列出来，以对应诉讼请求，正文处也要单列题目，同时再详细说明事实理由。

民事答辩状

答辩人______，女，______年______月______日出生，______族，工作单位及职务：____________，住址：____________，电话：____________。

就原告______起诉答辩人离婚一案，答辩人具体答辩意见如下：

一、答辩人同意离婚，但原告所述离婚的事实与理由不完全属实

原被告于______年因工作关系相识，之后很快确立恋爱关系，______年______月______日在______民政局登记结婚，双方均系初婚，婚后______年______月______日生育一子______，现年______。

原被告恋爱期间及结婚初期感情不错。后来，被告发现双方在很多方面观念差异很大，导致双方在经济问题、子女抚养等方面经常产生矛盾；且原告在生活中缺少家庭责任感，对被告不关心，在家务方面从不帮助被告；在被告孕育生育至抚养子女阶段，原告没有尽到做父亲的责任。除此之外，原告经常无故很晚回家，后半夜回家简直就是家常便饭，被告难以理解，夫妻感情逐渐破裂。______年______月原告主动离家，双方现已分居______，夫妻感情彻底破裂，因此答辩人同意离婚。

13101

二、婚生子由答辩人抚养较有利于其成长，答辩人要求原告每月支付______元抚养费

被告父母在被告孕期时就来照顾原被告生活，儿子______出生后，被告父母一直与答辩人共同照顾。答辩人上班后，______也一直由答辩人父母直接照顾。现______已上幼儿园，每日也是由答辩人父母接送。原告父母患有心脏病、高血压，身体情况不适合照顾子女。

从______出生以来，一直是由答辩人及家人照顾，分居期间，______也是一直跟随答辩人，如离婚后突然改变他的生长环境，将难以适应，对其成长明显不利。且______只有三岁半，年龄太小，一直母乳喂养至两岁多，对母亲的依恋较重，不宜由父亲直接抚养，显然本案的情况子女判归被告抚养更有利于其成长。

三、夫妻共同财产及债权债务的分割

（一）房屋

1.______号房屋一处（产权证号：______号）

该房为原告婚前以个人名义购买，产权登记在原告名下，但婚后用夫妻共同财产还贷约______元左右，现贷款已全部还清，该房婚后还贷所对应房屋价值为夫妻共同财产。

2.______号房屋一处（产权证号：______号）

该房为婚前______年______月______日被告以个人名义购买，产权登记在被告名下。婚后有还贷，现贷款已全部还清，该房婚后还贷所对应房屋价值为夫妻共同财产。

（二）公司股权

______年______月______日，原告与答辩人作为发起人成立了______有限公司，原告持股比例为______%，答辩人持股比例为______%，公司注册资本______元，目前仅实缴了______元。

（三）汽车

______轿车一辆（车牌号：______）

该车为婚后以原告名义购买，购买价______元，全款已付清，产权登记在原告名下。

（四）存款

被告名下有存款约______元，原告名下存款情况不清楚，请法院依法调查后分割。

（五）股票

原告名下股票价值不清楚，答辩人无股票。

（六）双方无共同债权债务

（七）财产分割方案

1.______号房屋离婚后归原告所有，原告应支付被告相应折价；

2.______号房屋离婚后归被告所有，被告愿支付原告相应折价；

3. 公司股权归答辩人所有，被告同意支付原告相应折价；

4. 轿车一辆（车牌号：______）离婚后归被告所有，原告配合办理过户手续，被告愿支付相应折价；

5. 双方存款依法平均分割；

6. 原告名下股票归原告所有，答辩人要求按市值获利一半折价。

综上所述，答辩人同意离婚，但认为原告所述离婚的事实与理由不属实，子女要求判归答辩人抚养。夫妻共同财产请法庭依法分割。

此致

______人民法院

答辩人：

年　　月　　日

13101

51.诉讼请求汇总（离婚纠纷）

使用场景：

经过多次开庭、长时间调查后方能确定最后的共同财产清单的大标的离婚案件使用。

法律要点：

大标的离婚案件往往在经过多次开庭、长时间调查后方才确定最后的共同财产清单，因此对于具体的财产分割的诉讼请求往往需要在最后向法庭提交汇总意见，在离婚案件中很常用，在其他案件中少见。相应地，如果是被告，可以比照来书写答辩意见汇总。

______诉______离婚纠纷诉讼请求汇总

（至______年______月______日）

原告______，男/女，______年______月______日出生，______族，工作单位及职务：______，住址：____________，电话：____________。

被告______，女/男，______年______月______日出生，______族，工作单位及职务：______，住址：____________，电话：____________。

案由：离婚纠纷。

诉讼请求汇总：

一、判决原告与被告离婚。

二、判决两子女归原告抚养，原告自行抚养，无须被告支付抚养费；对子女探视权问题依法判决。

三、依法分割夫妻共同财产及债权债务：

（一）房屋

1. 认定______号房屋及______号房屋为原告父母赠予原告的个人财产，不是夫妻共同财产；

2.______号房屋判归原告所有，原告就婚后还贷部分给付被告相应折价；

3.______号房屋判归被告所有，被告就婚后还贷部分给付原告相应折价；

4. 无其他夫妻共同房屋。

（二）公司股权

1.____________有限公司 10% 股权为原告婚前个人股权，归原告个人所有；

2.____________发展有限公司 10% 股权为原告婚前个人股权，归原告个人所有；

3.____________商贸有限公司婚前股权在婚姻存续期间的股权转让款为______所有，不同意作为夫妻共同财产分割；

4. 被告持有的______文化发展有限公司 5.7% 的股权同意归被告所有；

5. 被告持有的______置业有限公司 2% 的股权同意归被告所有，但扣除被告______元婚前出资后的股权价值依法分割，由被告给付原告相应折价；

6. 被告持有的______生物科技有限公司 20% 的股权为夫妻共同所有，同意股权归被告所有，原告享有相应折价；

7.____________股权投资合伙企业（有限合伙）合伙份额未实缴资本即注销，无夫妻共同股权可分割；

8. 原告名下______资源投资管理有限公司股权______年的股权转让款______元已消耗，无股权收益可分割；

9. 原告名下______置业发展有限公司股权为代持股权，股权已返还股东______，且公司已注销，没有股权或股权转让收入可供分割；

10.____________股权投资合伙企业（有限合伙）无原告名下合伙份额；

11.____________合伙企业（有限合伙）无原告名下合伙份额。

（三）车辆

1.______轿车（车牌号______）一辆归原告所有，原告给付被告一半折价；

2. 无其他共同车辆。

（四）存款

依法分割被告名下存款______元。

（五）股票、有价证券

1. 原告名下______期货价值______元同意依法分割；

2. 无其他股票和有价证券。

（六）共同债权

1. 对______的共同债权______元同意归被告所有，根据被告追索回的债权数额，由被告给付原告一半；

13096

2. 无其他共同债权。

（七）债务

1. 对______有限公司的共同债务______元由原被告各承担一半；

2.______号房屋未还贷款为原告个人债务，离婚后贷款由原告个人继续偿还；

3.______号房屋未还贷款为被告个人债务，离婚后贷款由被告个人继续偿还。

四、诉讼费由原被告分担

原告：

年　　月　　日

52.调查取证申请书（开房记录）

使用场景：

一般使用在离婚案件中，对过错方同居证据的调查。

法律要点：

由于各地法院对涉及当事人隐私证据的尺度掌握不同，该申请书在提交后是否获法院准许调查，并不一致。

调查取证申请书

申请人______，男/女，______年______月______日出生，______族，工作单位及职务：______，住址：____________，电话：____________。

申请事由：

申请人民法院依法对______的开房记录证据进行调查。

事实与理由：

申请人______与被告______系夫妻关系，二人于______年______月______日登记结婚。婚后多年被告持续与多名女性保持不正当关系，______年______月原告曾起诉离婚，______人民法院判决不准离婚。此后双方关系并无改善，被告继续有出轨行为，与他人在外开房或同居。申请人已向法院提出离婚损害赔偿的诉讼请求，并请求在财产分割方面依法照顾申请人。证明被告是否曾与异性同居是本案需确认的重要事实。酒店入住记录等信息涉及公民的隐私，调取与此有关的证据属于当事人及律师无法取证的客观情形，因此，特请求法院依法向相关酒店调取开房记录等与本案有关的证据材料，或为原告代理律师出具调查令依法调查。

具体查询内容为：被告与其他女性共居一室的三次开房记录：

1.________年______月______日，______旅店，______房间

地址：

电话：

2.________年______月______日，______旅店，______房间

13118

地址：

电话：

3.________年______月______日，______旅店，______房间

地址：

电话：

此致

______人民法院

申请人：

年　　月　　日

附：持令律师信息

______律师

______律师事务所

执业证号：

53.代理词（离婚纠纷）

使用场景：

针对离婚案件特点起草的代理词参考模板。

法律要点：

1. 代理词应针对案件焦点问题展开。具体到离婚案件，可能涉及三大板块内容，一是感情是否破裂，应否判决离婚；二是子女抚养问题；三是财产分割问题。

2. 在这其中，焦点问题可能有多个，如第一个方面，关于感情是否破裂，可能要列举一方是否存在婚姻法和司法解释中规定的感情破裂的情形，一方是否有过错等；第二个方面，对抚养权、抚养费还是探望权的哪些方面双方有异议，去重点论述；第三个方面，双方涉及的财产和债务可能众多，这其中的焦点问题也可能很多，要逐一论述，如财产或债务的性质，属不属于夫妻共有，是否属于个人财产或债务等。

除此以外，还可能要论述一方所要求的离婚损害赔偿是否应予准许，一方所要求的家务劳动补偿或一次性困难帮助金等应否予以支持等其他焦点问题，这些都不是简单的财产分割问题，而是独立的诉讼请求或答辩意见。

3. 所有的论述应建立在对证据的分析，对庭审相关事实的确认，以及法律适用等方面，切忌重陈述而不重法律分析，这样就失去了作为代理词的意义。笔者曾经见过有的律师所写代理词基本和起诉状、答辩状区别不大，陈述事实较多，对事实依据和法律依据的分析过少，缺少专业性。代理词是代理人写给法官的专业意见，应体现专业性。

代　理　词

尊敬的审判长、审判员：

本人依法接受本案原告______的委托，就______诉被告______离婚一案，作为原告的代理人，参与本案的诉讼。

开庭前，我们听取了原告的陈述，查阅了本案相关材料，进行了必要的调查；开庭后，经过法庭调查和原、被告之间质证，本案的事实已非常清楚，现就本案焦点问题提出如下代理意见：

13129

一、原被告感情确已破裂，理应判决双方离婚

二、关于子女抚养的问题

三、关于财产分割问题

（一）房屋

1. 房屋

2. 房屋及车位

……

（二）公司股权

1.____________有限公司______% 股权。

2.____________有限公司______% 股权。

……

（三）汽车

1.______名下宝马轿车一辆（车牌号______）。

2.______名下北京现代轿车一辆（车牌号______）。

……

（四）存款

（五）股票、有价证券

（六）共同债权

1. 对______的共同债权______元。

2. 对______的债权合计______元。

……

（七）共同债务

对______的共同债务______元。

综上所述，原被告分居超过三年，感情确已破裂，希望判决双方离婚，依法处理子女抚养及财产分割问题。

代理人：

年　　月　　日

附：相关法条

……

（四）执行阶段文书

54.强制执行申请书

使用场景：

用于启动强制执行程序的文书。

法律要点：

1. 强制执行申请书要将申请事项写清，对应判决书或调解书中的内容。

2. 根据《中华人民共和国民事诉讼法》第二百三十九条的规定，申请执行的期间为二年。申请执行时效的中止、中断，适用法律有关诉讼时效中止、中断的规定。

前款规定的期间，从法律文书规定履行期间的最后一日起计算；法律文书规定分期履行的，从规定的每次履行期间的最后一日起计算；法律文书未规定履行期间的，从法律文书生效之日起计算。

有些当事人对于一方不履行判决书和调解书，还需要去申请强制执行并不了解，更不了解强制执行还有期限的限制，导致错过了申请期，官司就白打了，因此，律师不能想当然地认为当事人了解法律常识，要予以明示。

强制执行申请书

申请人______，男/女，______年______月______日出生，______族，工作单位及职务：______，住址：____________，电话：____________。

被申请人______，女/男，______年______月______日出生，______族，工作单位及职务：______，住址：____________，电话：____________。

申请事项：请求将位于________号房屋产权过户至申请人______名下。

事实与理由：

2014年9月3日贵院作出的______号《民事判决书》判决：______号房

13131

屋由______（申请人）继承。2014 年 10 月 8 日该判决已发生法律效力，但由于被申请人______拒不提供房屋相关产权证明且拒不配合办理过户手续，致使申请人迟迟无法顺利办理房屋过户手续。根据《中华人民共和国民事诉讼法》的有关规定，申请人特向贵院申请强制执行，请求贵院依法作出裁定。

此致

______人民法院

申请人：

年　　月　　日

55.卷内文书目录（一审）

使用场景：

用于一审案件结案订卷使用。

法律要点：

1. 案件结束，需要将所有材料订卷保存。有些律师可能认为这个环节并不重要，实践中我们也发现，当事人委托我们办理案件，我们需要他之前聘请的律师提供某些资料时，有些代理人根本未保留完整的案件资料，显得不专业。律师将所有案件资料整理成卷，交给律师事务所，只要律师事务所可以查询到卷宗，很多情况下可以帮助到当事人。例如，笔者曾有个当事人，与妻子签有婚前的财产约定，但后来不知什么原因，就是找不到原件，律师经过查询案卷后，将仅有的一份卷中的原件交于当事人，这对当事人的利益可能有非常重要的影响。在这种情况下，律师也要做好记录工作，如果卷中原件被当事人取走，必须留有相应的记录，如当事人的申请，并注明卷中已无原件等。

2. 每个律师事务所对卷内文书的顺序要求可能略有不同，一般情况下，综合时间因素及文书分类来排序。

卷内文书目录

序号	标题	页号	备注
1	法律服务委托协议（及补充协议）		
2	诉讼风险告知书		
3	授权委托书		
4	当事人身份证明		
5	收费凭证		
6	民事起诉书		
7	财产保全申请书		
8	财产保全民事裁定书		

14289

续表

序号	标题	页号	备注
9	提供担保金的账户复印件		
10	原告提交证据		
11	调查取证申请书		
12	被告提交证据		
13	原告提交的情况说明		
14	原告对财产分割的具体意见		
15	原告质证意见		
16	其他未提交证据材料		
17	律师对委托人所作的谈话笔录		
18	传票及法庭谈话笔录、开庭笔录		
19	代理词		
20	民事调解书/判决书		
21	解除财产保全申请书		
22	解除财产保全的民事裁定书		
23	律师提供法律服务工作记录表		

56.卷内文书目录（二审）

使用场景：

用于二审案件结案订卷使用。

法律要点：

由于二审程序不同于一审程序，相应地，文书也不同。例如，一审时是起诉状，二审就是上诉状。

卷内文书目录

序号	标题	页号	备注
1	法律服务委托协议（及补充协议）		
2	诉讼风险告知书		
3	授权委托书		
4	当事人身份证明		
5	收费凭证		
6	原告一审起诉书		
7	一审判决书		
8	上诉状		
9	一审时原告提交的证据		
10	一审开庭笔录		
11	二审提交的证据		
12	调查取证申请书		
13	其他未提交证据材料		
14	律师对上诉人及证人等所作的谈话笔录		

14290

关注法天使

续表

序号	标题	页号	备注
15	二审开庭笔录及宣判笔录		
16	代理词		
17	二审民事判决书/调解书		
18	律师提供法律服务工作记录表		

二、非诉讼类

（一）财产约定

57.婚前财产约定

使用场景：

婚前签订的财产约定，主要对婚前财产予以确认，同时，对婚后财产制度等进行约定。

法律要点：

婚前财产约定指的是婚前签订的财产约定，是指签订的时间，而不是仅对婚前财产进行确认的一份约定。有感于有些人对这个题目可能会产生误解，所以也可以采用婚姻财产约定这样的题目，以便对婚前财产、婚后财产及财产制度等与婚姻有关的事项进行约定。

婚前（婚姻）财产约定

男方：（姓名、出生时间、民族、身份证号码）

女方：（姓名、出生时间、民族、身份证号码）

当事人双方经自由恋爱，将办理结婚登记，为明确双方婚前婚后个人财产的范围和归属，经双方平等自愿协商，特在婚前作如下协议。

第一条　双方婚前个人财产的确认

1. 双方婚前名下各自的财产，无论双方在订立本协议后是否结婚，均归各自所有。

2. 男方的婚前个人财产

（1）房屋

坐落为______，房屋产权证号/购房合同号为______，建筑面积为______平方米。该房系男方婚前个人出资购买，已付清全款。该房屋及房内装饰、家具、家电、产生的增值等均归男方个人所有。

397

或：

坐落为______，房屋产权证号/购房合同号为______，建筑面积为______平方米。该房首付款为男方婚前个人出资，同时以男方个人名义贷款______元，借款期限为______年，自______年______月______日起至______年______月______日止，每月还贷______元，现已偿还______个月贷款，还剩______个月的贷款未还。

女方同意结婚后，该房仍归男方个人所有，是男方的个人财产，但如女方参与还贷，或用夫妻共同财产还贷，属于女方的本金及增值部分可换算成折价作为女方的个人财产。

（2）汽车

男方婚前购买______汽车一辆，车牌号______，该车归男方所有，为男方的婚前个人财产。

（3）存款

男方名下在______银行（卡号______）有银行存款______元，该存款为男方婚前所有，归男方所有。

（4）有价证券（股票、债券、投资基金份额等）

（5）公司股权

男方名下现有______公司______%的股权，该股权归男方个人所有，男方作为该公司的股东因为该公司产生的债权债务，取得的收益分红，无论发生时间为婚前或婚后，均视为男方的个人财产，与女方无关。

（6）住房补贴、住房公积金、养老保险金、破产安置补偿费

（7）个人债权债务

现有债务人______欠男方现金______元，约定还款日期为______年______月______日，该债权属于男方个人财产。

男方曾于______年______月______日向______借款______元，该债务属于男方的婚前个人债务，由男方自行偿还。

（8）其他

黄金白银等贵重金属、首饰、钻石、古董字画等。

3. 女方的婚前个人财产

（1）房屋

坐落为______，房屋产权证号/购房合同号为______，建筑面积为______平方米。该房系男方婚前个人出资购买，已付清全款。该房屋及房内装饰、家具、家电、产生的增值

等均归男方个人所有。

或：

坐落为______，房屋产权证号/购房合同号为______，建筑面积______平方米。该房首付款为男方婚前个人出资，同时以男方个人名义贷款______元，借款期限为______年，自______年______月______日起至______年______月______日止，每月还贷______元，现已偿还______个月贷款，还剩______个月的贷款未还。

女方同意结婚后，该房仍归男方个人所有，是男方的个人财产，但如女方参与还贷，或用夫妻共同财产还贷，属于女方的本金及增值部分可换算成折价作为女方的个人财产。

（2）汽车

男方婚前购买______汽车一辆，车牌号______，该车归男方所有，为男方的婚前个人财产。

（3）存款

男方名下在______银行（卡号______）有银行存款______元，该存款为男方婚前所有，归男方所有。

（4）有价证券（股票、债券、投资基金份额等）

（5）公司股权

男方名下现有______公司______%的股权，该股权归男方个人所有，男方作为该公司的股东因为该公司产生的债权债务，取得的收益分红，无论发生时间为婚前或婚后，均视为男方的个人财产，与女方无关。

（6）住房补贴、住房公积金、养老保险金、破产安置补偿费

（7）个人债权债务

现有债务人______欠男方现金______元，约定还款日期为______年______月______日，该债权属于男方个人财产。

男方曾于______年______月______日向______借款______元，该债务属于男方的婚前个人债务，由男方自行偿还。

（8）其他

黄金白银等贵重金属、首饰、钻石、古董字画等。

4. 婚前个人财产的处置权

（1）男女双方完全享有其婚前个人财产的所有权，包括对该财产的占有、使用、收益及处分权。如何使用、处置（包括投资、出租、转让、赠与他人等）

397

该财产完全由所有人独自行使，另一方不得以任何理由加以干涉。

（2）男女双方对各自所有财产进行处置（包括投资、出租、转让、赠与他人等）所产生的收益归各自所有，男女双方各自所有财产所产生的增值、孳息均归各自所有。

5. 以上男女各自的婚前个人财产无论将来发生何种形态变化，均归原所有权人所有，为其个人财产，除非所有权人主张赠与，认可其为双方共同财产或另一方个人财产。例如，一方以婚前个人财产在婚后购买房屋、汽车等，该房屋和汽车登记在该方名下的，仍为该方的个人财产。

第二条　婚前共同财产的约定

1. 为了组建家庭，双方共同出资购买了以下财产，该财产为双方共同所有：（同上）。

2. 对共有财产双方均享有使用权，任何一方未经对方同意不得擅自处分该财产，因该财产产生的收益或增值、孳息均属于双方的共同财产。

第三条　婚后财产制及财产处理的约定

（一）分别财产制

1. 协议人双方婚后实行分别财产制，即婚后各自的财产收入、所得、购置的动产、不动产归各自所有。

2. 各自名下的债权归各自所有；各自名下的债务也归各自承担，由各自以个人财产偿还。

3. 男女双方在此保证，向他人借款时，应向债权人书面声明双方存在婚前财产约定的事实，告知债权人男女双方婚后实行分别财产制，所借款项为一方的个人债务。否则，如因一方未明确告知，另一方不得不承担一方名下的债务的，另一方在垫付债务后，可依本约定向借款一方主张归还。

4. 共同账户的约定。

为共同生活，男女双方同意每月拿出______元存入共同账户，为双方共同生活、抚养共同子女、赡养老人所用。该部分财产属于双方共同所有的财产，双方享有同等的使用权与监督权。

或：（二）部分共同所有制

1. 婚姻关系存续期间，男女双方所得下列财产，属于夫妻共同财产（债权债务）：

（1）男女双方的工资、奖金；

（2）男女双方使用共同财产投资所得收益，财产的增值及孳息；

（3）一方以个人财产购置的动产、不动产（包括但不限于房屋、汽车等），其权属凭证上明确记载为男女双方共同共有的；

（4）男女双方共同出资购置的动产、不动产（包括但不限于房屋、汽车等），未书面约定所有权比例的情况下，视作双方共同共有的财产；

（5）一方以个人财产投资取得的收益；

（6）以双方名义所借的债务或出借的债权；

（7）以一方名义所借债务，但债务用于夫妻共同生活的：

……

对共有财产双方均享有使用权，任何一方未经对方同意不得擅自处分该财产，因该财产产生的收益或增值、孳息均属于双方的共同财产。

2. 婚姻关系存续期间，男女双方所得下列财产，属于一方个人财产：

（1）一方以个人财产购置的权属凭证上只记载了一方为所有权人的动产、不动产；

（2）遗嘱或赠与合同中明确只归一方所有的财产；

（3）一方个人财产形态转化后的财产，如一方以婚前个人存款全额购买的汽车等；

（4）一方以个人财产出借形成的债权；

（5）除上述约定中属于双方共同共有的财产外，婚后男女双方各自的其他收入、所得；

（6）以一方名义所借债务，但债务未用于夫妻共同生活的，为该方的个人债务；

……

对婚后的个人财产，所有权人可单独处分。

或：（三）法定共同财产制

男女双方约定婚后依《中华人民共和国婚姻法》的规定，实行法定共同财产制，依《中华人民共和国婚姻法》第十七条的规定，属于共同所有的归双方共有；依《中华人民共和国婚姻法》第十八条的规定，属于个人所有的财产归个人所有。财产的使用及处分均依《中华人民共和国婚姻法》的规定处理。

或：（四）绝对共同财产制

男女双方约定婚后实行财产全部共同所有，即依《中华人民共和国婚姻法》第十七条应归共同所有的财产和第十八条应归个人所有的财产，均约定为夫妻共同所有。

以双方名义出借或以个人名义出借的债权均为共同债权。

除以一方名义所借并且未用于夫妻共同生活的债务为一方个人债务外，其余均为双方共同债务。

397

第四条　本协议未说明的其他财产的归属及其他未尽事宜，可由双方另行协商约定并签订书面补充协议，补充协议与本协议具有同等法律效力。

第五条　本协议系双方真实意思表示，双方约定除双方协商解除外，在任何情况下均不可撤销，双方自愿在任何因本协议提起的诉讼中受本协议条款的约束。

第六条　本协议原件一式两份，本协议自双方签字之日起生效。双方各持一份，具有同等法律效力。

男方：　　　　　　　　　　　　女方：

年　　月　　日　　　　　　　　年　　月　　日

58.婚姻财产约定

使用场景：

于婚前签订的财产约定。由于某些人对于婚前财产约定的误解，认为婚前财产约定只是对婚前财产进行约定，所以本约定虽在婚前签订，但可以采纳婚姻财产约定的名称，即婚前对个人财产和婚后财产制度等进行确认和约定的文书。

婚姻财产约定

男方：（姓名、出生时间、民族、身份证号码）

女方：（姓名、出生时间、民族、身份证号码）

男女双方经协商，准备结婚，现双方就婚后财产制度等相关财产事项作如下约定。

一、婚后财产制度

结婚后，男女双方实行分别财产制，即婚前及婚后取得的所有财产在谁名下归谁个人所有，不适用我国的法定财产制度——婚后所得共同制。此处所述的财产包括但不限于：

产生或存在于境内或境外的所有财产，具体形式如：

1. 劳动收入，如工资、奖金；
2. 生产、经营的收益；
3. 投资收入；
4. 接受赠与的收入，赠与人明确赠与双方的除外；
5. 知识产权的收益；
6. 在一方婚前个人财产基础上产生的其他收益；
7. 一方因侵权所获得的赔偿或补偿款；
8. 一方作为继承人继承的遗产，但被继承人明确表示由夫妻双方共同继承的除外；
9. 个人名下的债权；
10. 保险和信托利益；
11. 各类动产或不动产；
12. 其他各类财产和收益。

398

二、男方向女方支付的补偿款

考虑到婚后女方以照顾家庭为主，男方为主要的经济来源人，为保障女方的权益，男方应每年向女方支付一定的家务劳动补偿款，作为女方的个人财产，具体补偿方法为：

（一）在女方不工作，全职照顾家庭的情况下，男方每年补偿女方______万元人民币价值的财产。

（二）如女方有工作，男方每年补偿女方______万元人民币价值的财产。

（三）以上补偿的财产可以以存款、不动产、信托受益权等各种形式体现。

（四）男方对女方家人补偿财产，也视为对女方的家务劳动补偿，应涵盖在上述补偿款内。补偿可以由男方、男方家人或指定的其他人对女方支付。

例如，男方通过他人设立的海外信托，将女方父母列为受益人，则女方父母每年信托收益也应记入补偿款。

（五）上述补偿款可逐年按期给付，也可由男方一次性给付较大价值的财产，然后按每年应给付补偿款数额折抵，举例如下：

例如，女方不工作，男方在第一年为女方购买______万元价值的住房一套，则______年内男方不需再补偿女方，视为男方一次性支付完女方______年的补偿款。

（六）该补偿的期限以男方工作年限及男方有收入为准，即男方年老不再工作时，或男方因其他原因未获得收入时，则停止补偿。如男方虽不工作但仍有某些特定收入的，双方可根据当时情况再行协商补偿事项，签订补偿协议，对补偿数额和频率做一定的调整。

三、生活费及子女抚养费

双方婚后共同生活产生的生活费以及子女抚养费主要由男方承担，女方根据自己的财产情况自愿承担。

四、婚后的债务

（一）由于男女双方婚后实行分别财产制，因此，结婚后一方名下所欠债务应视为该方个人债务，由其用个人财产自行承担。

（二）根据婚姻法及相关司法解释的规定，如债权人不知道双方适用分别财产制，仍可主张债务为夫妻共同债务，因此，男女双方在婚后向他人有大额借款前，有义务让债权人知晓本约定的内容。

五、财产代持

因生意等需要，婚后双方可能需要配偶代持某些财产，对代持的财产，不以实际记名人或持有人为财产所……为准，归实际所有权人所有，也不是夫妻共有财产……至实际所有权人名下。

六、夫妻共同……

结婚后，如……人的财产，可以作为共同共有财产处理。

七、和谐……

结婚后……日常开支和子女抚养问题，日常主要开支由男方……财产投入夫妻生活，作为互相赠与及支持。

八……

考……特对法律适用作如下约定：

……适用中国法律，本协议效力不受双方婚姻缔结……何一方财产所在地国的法定财产制度的影响。

……国法律，不受双方国籍或居所变更等的影响。

……容是自己的真实意思表示，并已向律师咨询了解过……议的法律后果；双方也认可，在签定本协议时身体健……力。

……事宜，双方可另行协商，签订补充协议。

……将来出现协议外文翻译件与本协议含义冲突时，以中文版为准。

（四）本约定除双方……除外，在任何情况下均不可撤销，双方自愿在任何因本协议提起的诉讼中受本协议条款的约束。

男方：　　　　　　　　　　　　　　　　女方：

　年　　月　　日　　　　　　　　　　　　年　　月　　日

附：相关法律法规

《中华人民共和国婚姻法》

第十七条　夫妻在婚姻关系存续期间所得的下列财产，归夫妻共同所有：　398

（一）工资、奖金；

（二）生产、经营的收益；

（三）知识产权的收益；

（四）继承或赠与所得的财产，但本法第十八条第三项规定的除外；

（五）其他应当归共同所有的财产。夫妻对共同所有的财产，有平等的处理权。

第十八条　有下列情形之一的，为夫妻一方的财产：

（一）一方的婚前财产；

（二）一方因身体受到伤害获得的医疗费、残疾人生活补助费等费用；

（三）遗嘱或赠与合同中确定只归夫或妻一方的财产；

（四）一方专用的生活用品；

（五）其他应当归一方的财产。

第十九条　夫妻可以约定婚姻关系存续期间所得的财产以及婚前财产归各自所有、共同所有或部分各自所有、部分共同所有。约定应当采用书面形式。没有约定或约定不明确的，适用本法第十七条、第十八条的规定。

夫妻对婚姻关系存续期间所得的财产以及婚前财产的约定，对双方具有约束力。

夫妻对婚姻关系存续期间所得的财产约定归各自所有的，夫或妻一方对外所负的债务，第三人知道该约定的，以夫或妻一方所有的财产清偿。

《最高人民法院关于适用〈中华人民共和国婚姻法〉若干问题的解释（二）》

第二十四条　债权人就婚姻关系存续期间夫妻一方以个人名义所负债务主张权利的，应当按夫妻共同债务处理。但夫妻一方能够证明债权人与债务人明确约定为个人债务，或者能够证明属于婚姻法第十九条第三款规定情形的除外。

59.夫妻财产约定

使用场景：

婚后签订，是夫妻间就现在财产的归属通过约定重新规划，有可能改变全部或部分财产的性质，也有可能对之后的夫妻财产制度进行改变。

法律要点：

1. 夫妻财产约定既然是约定，就是双方签署，实践中，有些单方声明也被法院视为财产约定处理，但那样不规范，因此，如果夫妻间要签订财产约定，就使用“夫妻财产约定”这样与《中华人民共和国婚姻法》的规定相契合的名称。[①]

条文注解：《中华人民共和国婚姻法》第十九条　夫妻可以约定婚姻关系存续期间所得的财产以及婚前财产归各自所有、共同所有或部分各自所有、部分共同所有。约定应当采用书面形式。没有约定或约定不明确的，适用本法第十七条、第十八条的规定。

夫妻对婚姻关系存续期间所得的财产以及婚前财产的约定，对双方具有约束力。

夫妻对婚姻关系存续期间所得的财产约定归各自所有的，夫或妻一方对外所负的债务，第三人知道该约定的，以夫或妻一方所有的财产清偿。

2. 有些夫妻签订的书面材料，到底是夫妻财产约定，还是以离婚为条件的财产分割协议，从题目看不出来。他们往往简单地将文书的标题写成“财产协议”。如果是夫妻财产约定，则有效；如果是离婚协议书，则未生效。对此，《最高人民法院关于适用〈中华人民共和国婚姻法〉若干问题的解释（三）》第十四条规定，当事人达成的以登记离婚或者到人民法院协议离婚为条件的财产分割协议，如果双方协议离婚未成，一方在离婚诉讼中反悔的，人民法院应当认定该财产分割协议没有生效，并根据实际情况依法对夫妻共同财产进行分割。

3. 同时，夫妻财产约定实际就是夫妻对现有财产的性质、归属重新约定，甚至将夫妻财产制度都要做变更，否则也就不需要签订夫妻财产约定了。这里面对于财产属性的变化适用不适用赠与，司法实践中的裁判也不一样。而赠与方在财产权利转移之前是可以行使任意撤销权的，为了保证夫妻财产约定不被撤销，最好在财产约定中规定不可撤销条款或者对财产约定进行公证，因为公证过的赠与协议也是不可撤销的。[②]

399

条文注解：《中华人民共和国合同法》第一百八十六条　赠与人在赠与财产的权利转移之前可以撤销赠与。

具有救灾、扶贫等社会公益、道德义务性质的赠与合同或者经过公证的赠与合同，不适用前款规定。

夫妻财产约定

男方：（姓名、出生时间、民族、身份证号码）

女方：（姓名、出生时间、民族、身份证号码）

男女双方于______年______月______日登记结婚，现经双方协商，就婚后夫妻共同财产自愿达成如下约定：

1. 双方婚后购买______房屋一处，房屋所有权证号为______号，该房产权登记在______名下，双方约定从本夫妻财产约定签订之日起该房屋归______个人及儿子______共有，为______及______的共同财产，不是夫妻共同财产。

2. 双方婚后购买凯宴小型越野车一辆（车牌号为______），该车所有权登记在名下，双方约定从本夫妻财产约定签订之日起该车辆归______个人所有，为其个人财产，不是夫妻共同财产。

3. 双方婚后购买沃尔沃轿车一辆（车牌号为______），该车所有权登记在______名下，双方约定从本夫妻财产约定签订之日起该车辆归______个人所有，为其个人财产，不是夫妻共同财产。本夫妻财产约定签订之日起两个月内，男方配合将车辆所有人变更为女方。

4. 女方名下有存款______万元，存于如下账号内：

开户行：

卡号：

双方约定从本夫妻财产约定签订之日起，上述账户内的存款共计______万元归个人及儿子______所有，为______和______的共同财产，不是夫妻共同财产。可为自己及儿子______生活、教育等支取、转移、使用该存款。

5. 除上述存款外，男方还掌握有______万元人民币，本协议签订之日起，该______万元归____个人所有，为______的个人财产，不是夫妻共同财产，本协议签订后一年内，男方将该______万元实际交付给女方。

6. 其他现在及将来双方在婚后的所得仍为夫妻共同财产，由双方共同共有。

7. 签订本约定后，若有未尽事宜，双方可另行协商。

8. 本约定系双方真实意思表示，除双方协商解除外，在任何情况下均不可撤销，双方自愿在任何因本协议提起的诉讼中受本协议条款的约束。

9. 本约定原件一式两份，具有同等法律效力，男女双方签字后即生效，由双方各保留一份。

男方：　　　　　　　　　　　　　　　女方：

年　　月　　日　　　　　　　　　　　年　　月　　日

399

关注法天使

60.夫妻财产约定（针对房产）

使用场景：

夫妻之间专门针对房产签订的较为简单的夫妻财产约定。

法律要点：

如果约定涉及产权人的变化，在签订夫妻财产约定后，应当进行产权过户手续，以减少风险。

夫妻财产约定

男方：（姓名、出生时间、民族、身份证号码）

女方：（姓名、出生时间、民族、身份证号码）

夫妻双方经平等自愿协商，就婚后财产事宜做如下约定：

一、双方婚后购买位于______的房屋一处，该房现产权人为______。双方约定从本约定签订之日起，该房屋按比例共有，______占______%，______占______%。本协议签订之日起五日内双方共同到房屋管理部门对房产登记进行变更。

二、为购买位于______的房屋，双方曾向______父母借款______万元。双方约定该债务为夫妻共同债务，应共同偿还，双方将以婚后取得的夫妻共同财产分期还给______的父母。

具体还款计划为：男女双方从本约定签订之日起______年内将该借款还清，经与______的父母协商一致无须为该借款支付利息。从即日起每季度最后一日为还款日，每季还款额不得少于______元人民币，还款方式为：______直接将现金给付，并由实际收款人给付收条。

三、为购买位于______的房屋，双方向银行贷款______万元，现仍有______万元贷款未还。双方约定，该银行债务为夫妻共同债务，由双方以婚后的夫妻共同财产承担。

四、其他双方婚后所得仍为夫妻共同财产，由双方共同共有。

五、签订本协议后，若有未尽事宜，双方可另行协商。

六、本协议原件一式两份，具有同等法律效力，男女双方签字后即生效，由双方各保留一份。

男方：　　　　　　　　　　　　　　女方：

年　　月　　日　　　　　　　　　　年　　月　　日

400

（二）离婚类文书

61.离婚协议书

使用场景：

离婚时签订。本版本较全，可以根据案件的具体情况从多种选择中挑选适用。

法律要点：

1. 离婚协议主要处理三个方面的内容，一是解除双方的婚姻关系，二是子女抚养问题，三是财产分割，包括债务承担。

2. 协议离婚，相比于诉讼离婚，有很多灵活性。例如，诉讼离婚，在双方不能达成调解的情况下，法院对共同财产一般是参考对半分割的原则，在这个基础上再考虑照顾女方及子女、照顾无过错方等原则，来处理财产分割方案。但是协议离婚却不必如此，双方不必非要对共同财产做相对平均的分割，笔者也见过将所有共同财产都给其中一方的案例，甚至在双方没有多少共同财产的情况下，一方愿意自己解决资金来源而给另一方较高额的经济补偿。因此在离婚协议中，财产分割主要遵循双方达成的一致意见即可。当然协议中不能有违法内容，比如，将案外人的财产予以分割。

3. 离婚协议书的灵活性还表现在，除可以约定子女十八岁以内的抚养费外，在上大学期间的费用，双方也可以约定；对探望权，也可以做更为详尽的约定。这一点，是民事判决书和调解书很难做到的。

离婚协议书（总模板）

男方：（姓名、出生时间、民族、身份证号码）（如系外籍人士，要注明外文名、常用中文名、国籍、护照号等）

女方：（姓名、出生时间、民族、身份证号码）（如系外籍人士，要注明外文名、常用中文名、国籍、护照号等）

男女双方于______年______月______日在______登记结婚，婚后______年______月______日生一女______（或婚后无子女）。现因______（如性格不和），夫妻感情完全破裂，已分居，故双方自愿离婚。现经友好协商，就离婚、财产分割及子女抚养达成如下协议。

第一条　离婚

男女双方自愿离婚，解除双方之间的婚姻关系。

第二条　子女的抚养

1. 抚养权

双方婚后______年______月______日生一女 / 子______，现年______岁。离婚后女儿 / 儿子由______方抚养。

2. 抚养费

______每月给付抚养费______元直至子女满______周岁（此处一般写十八周岁，但协议的话可以写到更大如二十二周岁等）/ 子女能独立生活；给付方式为：

（1）现金，于每月第一次探视子女时直接给到______

（2）银行汇款，每月______日前将本月抚养费转入______的如下账户：

开户行：

卡号：

子女遇有重大医疗、教育等大额开支的，如面临升学、突发重大疾病等，需要较大额度经济支出时，男女双方对此额外费用各承担一半。

3. 探望权

（1）______可每两周探望子女一次，一次两天，于周五晚上七点接走，周日晚上七点送回。

（2）遇寒暑假，子女在______处居住的时间为不短于______天，具体时间由双方协商。

（3）每年节假日，如春节、国庆节等，原则上按年度轮流在男方或女方家中度过，具体时间见下表。

节假日	不能整除 2 的年份	能整除 2 的年份
中国的农历新年（一周）	男方处生活	女方处生活
清明节（一天）	男方处生活	女方处生活
五一劳动节（三天）	女方处生活	男方处生活
端午节（一天）	男方处生活	女方处生活

14296

续表

节假日	不能整除 2 的年份	能整除 2 的年份
中秋节（一天）	女方处生活	男方处生活
国庆节（一周）	男方处生活	女方处生活
圣诞节和公历年（两周）	女方处生活	男方处生活

第三条　财产及债权债务的分割意见

（一）婚前个人财产归个人所有

1. 双方共同确认，以下财产属于男方个人所有的财产，归男方个人所有：

……

2. 双方共同确认，以下财产属于女方个人所有的财产，归女方个人所有：

……

（二）夫妻共同财产及债权债务的分割

双方确认，以下为双方婚姻关系存续期间的夫妻共同财产及债权债务，双方经协商，作如下分割：

1. 房屋

位于______的房产（房产证号______）一处离婚后归女方所有，未还贷款由女方继续偿还，离婚后女方给付男方房屋折价款______万元人民币，两年内付清。（注：产权人一致的情况）

或：位于______的房产（房产证号______）一处，产权登记在男方名下，离婚后归女方所有，未还贷款由女方继续偿还。离婚后女方给付男方房屋折价款______万元人民币，男方应配合女方将所有权人变更至女方名下，相关费用由双方分担。

或：位于______的房产（房产证号______）一处由______负责于______年________月______日前根据市场价格对外出售，______有权利监督，售房所得价款由双方平分 / 按男方______%、女方______% 的比列分配。（注：产权人不一致的情况）

或：双方一致同意将位于______号的房产（房产证号______）一处赠与子女______，男方应于______年______日前将该房产过户至子女______名下。双方均确认，此赠与为不可撤销之赠与，男方不配合办理过户手续的，子女及法定代理人可要求法院强制执行。离婚后女方可和女儿共同居住于此，男方自行解决住所。

或：双方约定，离婚后该房仍保持双方共有状态，办理离婚手续前 / 后，产权人应配合______方到房管局办理加名手续，将房屋所有权人变更为男女双方共同共有 / 按比例共有。

或：双方约定，位于______的房产一处，购房合同编号：______，离婚后至取得产权证之前，由女方使用，取得产权证后，归女方所有。即离婚后无论是否取得产权证，有关该房的一切权益归于女方。离婚后未还贷款由女方继续偿还。离婚后______日内女方给付男方房屋折价款______万元人民币。

2. 汽车

双方婚后购买______牌车辆一辆，车牌号______，离婚后该车归男方所有，离婚后男方给付女方车辆折价款______元人民币。（注：产权人一致的情况）

或：双方婚后购买______牌车辆一辆，车牌号______，所有权人登记在女方名下，离婚后该车归男方所有，离婚后男方给付女方车辆折价款______元人民币，女方应于离婚后______日内配合将所有权人变更为男方，相关费用双方分担。（注：产权人不一致的情况）

3. 公司股权

男方名下在______公司的______% 股权离婚后归男方所有，男方应于______年______月______日之前给予女方股权折价款______元。

或：男方在______公司有______% 股权，女方持有______公司______% 股权，离婚后双方各持有______公司______% 的股权，男方应配合将______% 的股权转让给女方。

或：男方在______公司有______% 股权，离婚后男方将______% 的公司股权转让给女方，男方配合办理工商变更登记手续，如公司其他股东行使优先购买权的，该______% 股权的转让款归女方所有。

……

4. 银行存款

双方确认夫妻关系存续期间有共同存款______万元，男方手中______万元，女方手中______万元。双方同意，平均分割该存款，在双方办理离婚手续、领取离婚证完毕后，男方当即给付女方______万元。

或：双方共有共同存款______万元，男方手中______万元，归男方所有。女方手中______万元，归女方所有。（注：此处不建议只写：双方各自名下存款归各自所有，应明确数额，否则容易引发离婚后财产纠纷）

5. 有价证券（股票、债券、投资基金份额、理财产品等）

男方名下有（股票、债券、基金、理财产品等）价值约______元，离婚后

14296

归男方所有，男方应于______年______月______日前给付女方折价______元。

6. 住房补贴、住房公积金

女方名下有住房补贴、住房公积金______元，男方名下有住房补贴、住房公积金______元。双方平均分割此财产，由______方给付______方差额______元。

7. 养老保险

双方确认，双方在婚姻关系存续期间交纳的养老保险归各自所有。

8. 知识产权

婚姻存续期间男方获得的______专利归男方所有，男方应于离婚后______日内支付女方折价款______元。

9. 军人一方的复员费、自主择业费（或破产安置补偿费）

______方的复员费、自主择业费（破产安置补偿费）共计______元，其中______元归男方所有，______元归女方所有，______方应于离婚后______日内将______元给付______方[①]。

条文注解：具体分配办法可参见《最高人民法院关于适用〈中华人民共和国婚姻法〉若干问题的解释（二）》第十四条。

10. 共同债权债务

（1）婚姻关系存续期间，曾有对______的共同债权______万元，该债权归男方所有，男方于离婚后三日内给付女方______万元。

（2）除前述房屋贷款外，婚姻关系存续期间，双方还曾向______借款______万元，该债务由男女双方共同承担，各担一半。

（三）家务补偿费/一次性困难帮助

1. 在婚姻关系存续期间，因抚育子女、照料老人、协助男方工作等，女方付出较多，男方同意给予女方经济补偿款______万元整。

2. 因女方生活较困难，男方同意离婚后三日内给予女方一次困难帮助金________万元。

（四）共同财产及债权债务的确认

双方在此确认，已经披露了双方所有的财产及债权债务。任何一方违反该披露义务，隐瞒、转移、隐藏夫妻共同财产和债权，另一方可以要求分割隐瞒、转移、隐藏的夫妻共同财产和债权，并可以要求多分。

（五）双方按照以上约定对相关财产进行分配和处理后，双方之间无其他财产争议。

第四条　本协议在双方签字后并经民政局对双方的婚姻进行离婚登记之后生效。

第五条　本协议一式三份，每份具有相同法律效力；双方各持一份，另外一份由民政局婚姻登记机关留存。

男方：　　　　　　　　　　　　　　女方：

年　　月　　日　　　　　　　　　　年　　月　　日

14296

（三）继承类文书

62.遗嘱（普通版）

使用场景：

普通遗嘱，适用于所有书面遗嘱形式，需要根据遗嘱的具体形式选择不同落款。

法律要点：

1. 由于我国的法定夫妻财产制度是婚后所得共同制，所以写遗嘱时，一定要询问遗嘱人的婚姻状况，了解所处理的财产是否是其个人财产，其有无完全的处分权，如果是夫妻共同财产，则只能处分自己的份额。

2. 另外，还需了解是否有其他缺乏劳动能力又没有生活来源的继承人等，必须给这样的继承人留出一定的遗产份额。可以配合《起草遗嘱告知书》来使用，了解相关情况，确定有无此类人等。

遗　　嘱

立遗嘱人______，女/男，______年______月______日出生，______族，身份证号________

一、遗产范围

（一）婚前个人财产

1. 房屋

（1）______号房屋一处，全部房款已于婚前交清，所有权人为______，房屋所有权证号为：______号。

（2）______号房屋一处，系______于婚前______年______月______日以自己的名义购买，房产证在办理之中，但房屋全款已于婚前一次性交纳完毕，因此仍为本人的婚前个人财产。

2. 公司股权

（1）______持有的______有限公司______% 的股权。

婚前______年______月______日，______入资______有限公司______元，成为该公司股东，公司注册资本______元，______持有该公司______% 的股份，该股权为______婚前个人财产。

（2）______持有的______有限公司______% 的股份。

婚前______年______月______日，______入资______有限公司______元，成为该公司股东，公司注册资本______元，______持有该公司______% 的股份，该股权为______婚前个人财产。

3. 汽车

______轿车一辆（车牌号______）为______于婚前购买，车款已全部支付完毕，该车为______婚前个人财产。

4. 在以下银行账户内的存款及理财产品

（1）中国______银行账号

（2）中国______银行账号

（3）______银行账号

（4）______银行账号

……

5. 本人以下账户内的股票及资金

中国______证券股份有限公司______证券营业部以______名义开具的资金账号为______的账户，下挂下列卡号的股票及基金：

______在深圳证券交易所的股东卡号为：

______在上海证券交易所的股东卡号为：

6. 本人以下基金账户内的资产

______的开放式基金账户号为：

中国工商银行账号为______的账户

7. 本人以下贵重古董及首饰（字画、邮票、家具、收藏品等）

……

8. 本人以下个人债权

（1）对______的债权______元

14301

（2）对______的债权______元

9. 本人无个人债务（或本人欠______的债务______元）

（二）婚后夫妻共同财产

______年______月______日，______与______登记结婚，婚后产生如下夫妻共同财产：

1. 房屋

（1）______号房屋一处，产权登记在______名下，房款已全部付清，房屋所有权证号为：______号。

（2）______号房屋一处，产权登记在______名下，产权登记在______名下，房屋所有权证号为______号。尚有贷款未还清，未还贷款为______和______的夫妻共同债务。

2. 公司股权

（1）______持有的______有限公司______% 的股权。

婚后______年______月______日，______入资______有限公司______元，成为该公司股东，公司注册资本______元，______持有该公司______% 的股份，该股权为______夫妻共同财产。

（2）______持有的______有限公司______% 的股份。

婚后______年______月______日，______入资______有限公司______元，成为该公司股东，公司注册资本______元，______持有该公司______% 的股份，该股权为夫妻共同财产。

3. 汽车

（1）婚后购买______轿车一辆（车牌号______）该车所有人登记为______，车款已全部支付完毕，该车为夫妻共同财产。

（2）婚后购买______轿车一辆（车牌号______），该车所有人登记为______，该车价税合计______元，其中，首付款______元，其余______元为分期付款，共______期，车辆贷款还未还清，该车为夫妻共同财产，未还贷款为______和______的夫妻共同债务。

4. 存款及理财产品

（1）______在以下银行账户内的存款及理财产品

中国______银行账号：

中国______银行账号：

______银行账号：

______银行账号：

……

（2）______在以下银行账户内的存款及理财产品

中国______银行账号：

中国______银行账号：

______银行账号：

______银行账号：

……

5. 股票及证券账户内资金

（1）______以下账户内的股票及资金

中国______证券股份有限公司______证券营业部以______名义开具的资金账号为______的账户，下挂下列卡号的股票及基金：

______在深圳证券交易所的股东卡号为：

______在上海证券交易所的股东卡号为：

（2）______以下账户内的股票及资金

中国______证券股份有限公司______证券营业部以______名义开具的资金账号为______的账户，下挂下列卡号的股票：

______在深圳证券交易所的股东卡号为：

______在上海证券交易所的股东卡号为：

6. 基金账户内的资产

（1）______的开放式基金账户号为：

中国工商银行账号为______的账户

（2）______的基金账户号为：

______银行账号为______的账户

7. 贵重古董及首饰（字画、邮票、家具、收藏品等）

……

8. 除以上未还银行贷款外，无夫妻共同债务，无夫妻共同债权。

以上共同财产的一半份额为遗嘱人______的遗产。

二、遗产分配

以上______的全部遗产，包括房屋、股票、基金、存款等在之后产生的自然增值、收益、孳息，在______去世后作如下分配：

14301

（一）______号房屋（房屋所有权证号为______号）由______继承。

（二）______号房屋（房屋所有权证号为______号）中属于我的份额由______继承，该房剩余未还银行贷款______亦应承担一半。

……

（*）我持有的______有限公司______% 的股权，我去世后由______个人继承，不是其夫妻共同财产，该股权仅留给______个人继承，作为其个人财产。如公司允许其成为股东，可成为股东；如公司不同意其成为新股东，则股权转让所得价款全部由______个人继承，为其个人财产，不是夫妻共同财产。（注：相关遗产仅留给个人继承，不作为夫妻共同财产的情况）

（*）______轿车一辆（车牌号______），我去世后由______继承：

（*）婚后登记在我配偶______名下的______轿车一辆（车牌号______），属于我的份额由配偶______继承。

……

（*）以下账户内的本人婚前存款及理财资产由______继承：

（1）中国______银行账号：

（2）中国______银行账号：

（3）______银行账号：

（4）______银行账号：

（*）夫妻共同存款及理财资产中属于我的份额由______继承。

（*）本人婚前以下账户内的股票及资金由______继承。

中国______证券股份有限公司______证券营业部以______名义开具的资金账号为______的账户，下挂下列卡号的股票及基金：

______在深圳证券交易所的股东卡号为：

______在上海证券交易所的股东卡号为：

（*）婚后在本人及配偶______名下的股票、基金，属于我个人的份额由______继承。

（*）本人婚前对______的债权______元由______继承。

……

三、遗嘱的执行

（一）遗嘱执行人系被继承人死亡后，继承开始前实际控制遗产，并在之后具体执行遗嘱所列内容将遗嘱付诸实施的人。

（二）______指定______为本遗嘱的执行人。

（三）______作为遗嘱执行人的权利义务如下：

1. 辅助完成遗嘱的保管、保密；

2. 收集保管遗嘱人的财产资料和信息，将遗嘱人的遗产清理登记并造册；

3. 负责在______去世后继承开始前，确认、清理、保管遗嘱人的财产，对全部遗产进行实际控制；

4. 在立遗嘱人去世后，通知并召集继承人等相关当事人，宣布遗嘱，对遗嘱条款进行解释，就遗产情况作相关说明；

5. 按遗嘱内容对遗产进行实际分配、执行，并协助办理执行中各种手续如房屋过户、存款转移等事务；

6. 有针对各种妨害继承的行为提起诉讼的权利；

7. 遗嘱执行人可从遗产中预先扣留______元作为劳务费，可在宣读遗嘱后立刻领取劳务费，并保留相关凭证向继承人作书面说明。

（四）如遗产执行人先于立遗嘱人去世的，遗嘱人______将另行以书面方式变更遗嘱执行人，届时将以新的遗嘱内容为准。

四、本遗嘱原件一式四份，由立遗嘱人______保存一份，遗嘱执行人______保存一份，______父母保存一份，______的朋友______保存一份（______身份证号为______）。在______去世后，由遗嘱执行人向所有法定继承人及其他亲属宣读并负责解释。

五、当本遗嘱确立后，被继承人的遗产发生变化时，本遗嘱仍然有效，对于本遗嘱已涉及的遗产，按本遗嘱第二条分配，对于本遗嘱未涉及的遗产，按法定继承处理。

自书及公证遗嘱：

立遗嘱人签名：

年　　月　　日

或：代书遗嘱：

立遗嘱人签名：

年　　月　　日

代书人：　　　　　　　　见证人：

年　　月　　日　　　　　　年　　月　　日

14301

关注法天使

63.遗嘱（简单万能版）

使用场景：

适用于不宜自行书写长篇遗嘱或较为紧急情况下使用，如高龄活动不便的老年人。遗嘱正文中不含遗产范围，由继承人确定遗产范围。

法律要点：

在紧急情况下，可以立口头遗嘱，但其实口头遗嘱的条件也较多，一是在紧急情况下立才有效，一旦事后紧急情况解除，口头遗嘱也就无效了，而且要有两位无利害关系的见证人方可，所以很多所谓的口头遗嘱其实都不具有效力。如果遗嘱人身体不好，难以书写较长的遗嘱，也无法到公证处进行公证，甚至还有些人没有什么文化，不太会写字，这种情况下，这种字数较少陈述简单但反而全面的遗嘱更加适合，至于遗产范围，可以根据证据来确定。

遗　　嘱

立遗嘱人______，女/男，______年______月______日出生，______族，身份证号______。

我去世后，我的全部遗产由______继承。

立遗嘱人签名：

年　　月　　日

14306

64.起草遗嘱告知书

使用场景：

律师在帮助当事人起草遗嘱时，为保证遗嘱的效力，需向当事人询问并告知的内容，应由当事人签字。

法律要点：

《继承法》里的规定较多，一般人难以考虑全面，因此，将《继承法》的重要内容简化为告知书，可以防止律师对应该了解的情况未能了解到，影响起草文书的效力。

起草遗嘱告知书

1. 遗嘱人（委托人）应保证是意识清晰的完全民事行为能力人。

2. 遗嘱人应保证遗嘱是其真实意思表示，无受胁迫等情形。

3. 遗嘱人立遗嘱后，应妥善保管，遗嘱被篡改的，篡改的内容无效。

4. 遗嘱人应保证处分的财产是属于其个人所有的财产。不得处分属于国家、集体或他人所有的财产；也不得处分国家禁止公民持有、限制流通的物品。否则遗嘱无效。

5. 遗嘱人已婚的，只能处分夫妻共同财产中属于遗嘱人的份额。

6. 对于其他共有财产如家庭共有财产，遗嘱人只能处分属于自己的份额，必要时可考虑进行析产后再重新设立遗嘱。

7. 遗嘱涉及财产内容有可能发生变化。如果由于遗嘱人生前的行为，使得遗嘱处分的财产在继承开始前灭失、部分灭失或所有权转移、部分转移的，遗嘱视为被撤销或部分被撤销。

8. 如您采用公证方式立遗嘱后，又想修改遗嘱的，请务必再次采用公证方式立新的遗嘱，否则所立的遗嘱不能对抗以公证方式所立遗嘱。

9. 请保证所立遗嘱中包含所有遗嘱人的个人财产，否则遗嘱未涉及的遗嘱人财产将按法定继承处理。

10. 公民的债权、知识产权亦属于可以处理的遗产范围，遗嘱人立遗嘱时请勿遗漏。

11. 继承人中有缺乏劳动能力又没有生活来源的人或胎儿的，遗嘱人应当

14307

为其保留必要的遗产份额。否则，依法律规定，在遗产处理时，仍要为该继承人留下必要的遗产，所剩余的部分，才可参照遗嘱确定的分配原则处理。

12. 由于继承契约的有效性法律无明确规定，处理遗产继承事宜，应首先签订遗嘱，继承契约可作为遗嘱的补充，以免日后发生继承纠纷。

13. 遗嘱人拟将遗产留给未成年子女等无民事行为能力、限制民事行为能力人，但指定监护人以外的人在一定时期内为遗产管理人（受托人）的，对遗产管理人（受托人）的选用应符合我国《信托法》的规定。由于遗产管理人的财产管理权和监护人对被监护人的财产管理权有一定冲突，在法律无明确规定何者优先的情况下，将来有发生纠纷的可能性。

14. 遗嘱人财产中包含公司股权的，公司股权的继承应首先依据公司章程处理，遗嘱人如另有安排，可提前与股东进行商议，依法修改章程或达成其他协议。

15. 公民立遗嘱处分个人财产，可以在遗嘱中指定遗嘱执行人。

16. 公民如在生前与扶养人签有遗赠扶养协议的。请确定遗嘱中所处理的遗产与遗赠扶养协议无冲突，否则遗嘱无效。

承办律师就上述告知书的全部条款已向我进行了详细地说明和解释，我已理解上述告知书全部条款的法律含义，对上述告知书的全部条款均无疑义。

委托人：

年　　月　　日

该告知书的适用：

委托人（遗嘱人）来所办理有关遗嘱内容的文书代拟业务时，应向委托人出示的告知书，实际上是要求委托人披露所有与立遗嘱有关的情况，尽量不要有漏项及错误，并就某些易出问题的方面作一提醒。

65.律师遗嘱见证告知书

使用场景：

律师在进行遗嘱见证时，为保证见证的效力，需向当事人询问并告知的内容，应由当事人签字。

法律要点：

1. 相对于只是起草遗嘱内容而言，进行遗嘱见证，律师的风险更高，因此，也必须对相关需要了解的情况了解全面，因此让遗嘱人了解并签订这样一份材料，是保证工作质量的简洁方法。

2. 由于遗嘱人到公证处进行公证，公证遗嘱的效力最高，而且费用低廉，相反，律师见证费用更高，而且要么采用对自书遗嘱进行见证要么采用律师代书遗嘱的方式，无论是哪种形式的遗嘱，其效力都比不上公证遗嘱，这是由《继承法》的规定决定的，所以律师应当了解为什么当事人会选择来做律师见证。

在笔者的实践中，发现大多来做律师见证遗嘱的，多少都有些问题，比如，有人有精神残疾证，公证处认为其行为能力有问题，不同意做遗嘱公证。律师如发现此类情况，也是不能做遗嘱见证的。所以，律师不仅要关注遗嘱内容、遗嘱形式，还要关注当事人不做公证遗嘱的真正原因，保证所作的见证遗嘱是有效的。

律师遗嘱见证告知书

我所受理委托人申办遗嘱见证工作，特向申请人告知如下：

1. 遗嘱是遗嘱人生前按照《中华人民共和国继承法》规定的方式处分其自己所有的财产或者处理其他事务，并在其死亡时发生效力的一种民事法律行为。

2. 办理律师遗嘱见证，遗嘱人必须亲自办理。

3. 立遗嘱人应具有完全民事行为能力，遗嘱必须反映遗嘱人的真实意愿。

4. 根据《中华人民共和国继承法》第十七条的规定，遗嘱可以采用自书、代书、录音、口头、公证五种形式。遗嘱人可以对自书、代书、录音遗嘱申办律师见证或由律师陪同去公证处公证。遗嘱人可以撤销、变更自己所立的遗嘱。立有数份遗嘱，内容相抵触的，有公证遗嘱的，以最后的公证遗嘱为准，无公

14311

证遗嘱的，以最后的遗嘱为准。

5.遗嘱人应保证处分的财产是属于其个人所有的财产。不得处分属于国家、集体或他人所有的财产。遗嘱人已婚的，只能处分夫妻共同财产中属于遗嘱人的份额。

6.遗嘱人可以立遗嘱将其所有财产指定由法定继承人的一人或者数人继承，也可以立遗嘱将其个人财产赠给国家、集体或者法定继承人以外的人。

7.遗嘱人可以指定遗嘱执行人。遗嘱执行人既可以是法定继承人，也可以是其他人。

8.遗嘱应当包括以下内容：

（1）遗嘱人的自然状况：即姓名、性别、民族、出生日期、身份证号等；

（2）遗嘱处分的财产状况（名称、数量、所在地点以及是否共有、抵押等）；

（3）对财产和其他事务的具体处理意见；

（4）有遗嘱执行人的，应当写明执行人姓名、性别、年龄、住址等；

（5）遗嘱制作的日期以及遗嘱人的签名。

遗嘱中一般不得包括与处分财产及处理死亡等事宜无关的其他内容。

9.遗嘱应当对缺乏劳动能力又没有生活来源的继承人保留必要的遗产份额。继承人是否缺乏劳动能力又没有生活来源，应按遗嘱生效时该继承人的具体情况来认定。

10.遗嘱人应向委托律师如实说明所立遗嘱的有关情况，包括：

（1）身体状况、精神状况；

（2）婚姻状况，家庭成员情况，包括其配偶、子女、父母及与其共同生活人员的基本情况；

（3）遗嘱所处分财产的情况，是否属于遗嘱人个人所有，遗嘱人以前是否曾以遗嘱或者遗赠扶养协议等方式进行过处分，有无已设立担保、已被查封、扣押等限制所有权的情况；

（4）是否指定遗嘱执行人及遗嘱执行人的基本情况；

（5）其他有关内容。

11．当事人、申请人不得有下列行为：

（1）提供虚假证明材料，骗取见证；

（2）利用见证书从事欺诈等违法活动；

（3）其他违法行为。

12．无行为能力人、限制行为能力人不能立遗嘱。

申请办理律师遗嘱见证时，承办律师就上述告知书的全部条款已向我进行了详细地说明和解释，我已理解上述告知书全部条款的法律含义，对上述告知书的全部条款均无疑义。

委托人：

年　　月　　日

14311

66.律师遗嘱见证书样本

关注法天使

使用场景：

律师为委托人所立遗嘱进行见证时使用。

法律要点：

律师做遗嘱见证，应为两人。见证内容，主要是见证遗嘱订立和签署的过程，注意选择见证遗嘱的形式，如采用对自书遗嘱的签署进行见证，则遗嘱全文均应由遗嘱人书写；如采用代书遗嘱的方式，则律师之一为代书人，同时为见证人，另一律师为见证人，律师和遗嘱人均要签名和签署日期。

目前司法实践中，只允许公证遗嘱采用打印方式，所以，律师见证，除见证页可以打印外，遗嘱正文应采用书写的方式。

遗嘱见证书

兹证明______（应写明姓名、性别、民族、出生年月日和身份证号等）于______年______月______日在______（地点），在律师______和______的面前，立下了前面的遗嘱，该遗嘱全文、签名及日期均系______亲自书写。

特此见证！

北京市______律师事务所

律师：（签名）

律师：（签名）

年　　月　　日

附：

1. 立遗嘱人的身份证明，如身份证、户口簿等复印件；
2. 立遗嘱人处分的财产所有权的证明复印件；
3. 立遗嘱人健康证明原件；
4. 律师执业证复印件。

14314

67.遗赠扶养协议

使用场景：

公民与扶养人达成遗赠扶养的意向所签订的协议。

法律要点：

1. 遗赠扶养协议的签订，一般发生在遗赠人没有法定继承人作为扶养人的情况。

2. 根据《中华人民共和国继承法》第五条的规定，继承开始后，按照法定继承办理；有遗嘱的，按照遗嘱继承或者遗赠办理；有遗赠扶养协议的，按照协议办理。从文字表述讲，遗赠扶养协议是最为优先的。同时，《最高人民法院关于贯彻执行〈中华人民共和国继承法〉若干问题的意见》第五条对此也有明确的规定，即被继承人生前与他人订有遗赠扶养协议，同时又立有遗嘱的，继承开始后，如果遗赠扶养协议与遗嘱没有抵触，遗产分别按协议和遗嘱处理；如果有抵触，按协议处理，与协议抵触的遗嘱全部或部分无效。

遗赠扶养协议

甲方（遗赠人）______，女/男，______年______月______日出生，______族，身份证号______。

乙方（扶养人）______，女/男，______年______月______日出生，______族，身份证号______。

遗赠人因家中无人照料，长期以来依靠扶养人照顾。经双方协商，愿意遗赠扶养协议，双方承诺履行以下协议：

一、遗赠人愿将自己的建筑面积为______平方米的房屋（地址______，房产证号______）以及房屋中的一切家具杂物（计有______件）全部赠给扶养人。扶养人在遗赠人去世后即受领上述全部财产。

二、扶养人保证继续悉心照顾遗赠人，让遗赠人安度晚年，至遗赠人去世之前供给生活水平保持在居民平均水平以上。遗赠人的饮食起居一切照顾由扶养人承担。遗赠人去世后由扶养人负责送终安葬。

三、本协议自签订之日起生效。

本协议一式三份，遗赠人、扶养人各执一份。______保存一份。

7991

签署时间：　　年　　月　　日

遗赠人（签字）：

扶养人（签字）：

见证人（签字）：

68.遗产分割协议

使用场景：

被继承人去世后，法定继承人之间就遗产分割达成的协议。

法律要点：

《中华人民共和国继承法》第十三条规定，同一顺序继承人继承遗产的份额，一般应当均等。

对生活有特殊困难的缺乏劳动能力的继承人，分配遗产时，应当予以照顾。

对被继承人尽了主要扶养义务或者与被继承人共同生活的继承人，分配遗产时，可以多分。

有扶养能力和有扶养条件的继承人，不尽扶养义务的，分配遗产时，应当不分或者少分。

继承人协商同意的，也可以不均等。

由此可见，因各种情况，继承也可以不均等，尤其是经继承人协商同意的，完全可以不均等分割遗产，这体现了《继承法》的灵活性，现实生活中，不均等分割可能更有助于快速高效地分割遗产。所以当所有法定继承人之间达成一致意见时，就需要签署一份遗产分割协议，如需履行相关手续如房屋过户手续的，应当履行，以达到早日定分止争的目的。

遗产分割协议书

甲方______，女/男，______年______月______日出生，______族，身份证号______。

乙方______，女/男，______年______月______日出生，______族，身份证号______。

丙方______，女/男，______年______月______日出生，______族，身份证号______。

丁方______，女/男，______年______月______日出生，______族，身份证号______。

上述各方就遗产分割事宜，经平等自愿协商，达成如下协议。

一、有关背景介绍

______年______月______日，______因______原因，逝世于______。现就被继承人遗产问题，各方经协商同意按本协议处理。

96

二、遗产分割安排

1. 存款

金额：

开户银行：

账号：

目前财产掌管人：

具体分配处理办法：

2. 房产

处所：

房产证号：

具体分配处理办法：

3. 其他财产

财产情况：

具体分配处理办法：

三、债务承担

1. 现有债务金额：

现有债务说明：

现有债务分担：

2. 本协议未作说明的债务分担，依据法律规定承担。

3. 补充约定：

按本协议的约定进行分配时，如需要各方配合办理取款、过户等手续的，各方应予配合。相关手续费、税费按对应财产的分配比例由获得财产的各方承担。

相关财产上如尚有贷款、债务，则由该项财产的继承人自行承担；如有多位继承人继承的，则多位继承人按继承比例承担。各方另有约定时除外。

四、相关事务安排

1. 相关事务包括：

2. 相关事务费用安排：

3. 相关事务分工：

五、其他

本协议经各方签字后生效，协议各方各持一份，具备同等法律效力。

本协议签订于：　　　年　　　月　　　日

甲方（签字）：

乙方（签字）：

丙方（签字）：

丁方（签字）：

96

关注法天使

69.放弃继承声明书

使用场景：

法定继承人放弃继承权益所发表的声明。

法律要点：

《中华人民共和国继承法》第二十五条第一款规定，继承开始后，继承人放弃继承的，应当在遗产处理前，作出放弃继承的表示。没有表示的，视为接受继承。《最高人民法院关于贯彻执行〈中华人民共和国继承法〉若干问题的意见》第四十七条规定，继承人放弃继承应当以书面形式向其他继承人表示。用口头方式表示放弃继承，本人承认，或有其他充分证据证明的，也应当认定其有效。

可见，放弃继承应当采用书面形式，放弃继承的声明书，在继承中将产生重要的作用。在诉讼中，如继承人放弃继承的，法官一般会将放弃继承的表示明确记录在笔录中。

放弃继承和赠与继承权益要加以区分。放弃继承后，放弃的权益将由其他继承人平均地享有，而赠与继承份额则不同，实际上是先继承，然后再将权益赠与 给指定的人。

放弃继承声明书

声明人______，女/男，______年______月______日出生，______族，身份证号______

声明人就放弃继承事宜，声明如下。

一、有关情况

1. 声明人是被继承人______的______（配偶、子女、父母等），被继承人______于年______月______日在______（地点）因______（原因）死亡。

2. 被继承人的遗产有：

（1）登记在______名下位于______号的房产（房屋所有权证号______号）；

（2）登记在______名下银行存款共计人民币______元（共______笔，分别表述存款银行名称、存款金额及账号）。

以下统称为上述遗产。

二、本人郑重声明

1. 本人自愿放弃上述遗产中属于我应继承的遗产份额。

2. 本人至今未发现______生前有应当依法缴纳的税款和需要清偿的债务；至今也未发现______生前对上述遗产立有遗嘱或签订有遗赠扶养协议。

3. 本人对亲属关系证明中所载明的继承人无异议，保证无遗漏其他继承人。

声明人确认：知悉放弃上述遗产所产生的法律意义和法律后果，并自愿承担因上述声明内容引起的法律责任与后果。

声明人（签名、捺指印）：

年　　月　　日

5455

关注法天使

70.接受遗赠声明

使用场景：

受遗赠人在知道受遗赠后两个月内作出接受遗赠表示时使用。

法律要点：

根据《中华人民共和国继承法》第二十五条第二款的规定，受遗赠人应当在知道受遗赠后两个月内，作出接受或者放弃受遗赠的表示，到期没有表示的，视为放弃受遗赠。在继承诉讼中，往往法定继承人会以受遗赠人没有作出接受遗赠的表示来主张其已经放弃受遗赠，因此，受遗赠人应当重视保留自己明示接受遗赠的证据，必要时，可采用向某些人或机构发书面声明的方式，以作为接受遗赠的证据。

接受遗赠声明

声明人______，女/男，______年______月______日出生，______族，身份证号______

声明人就接受遗赠一事，声明如下：

声明人已知悉______（身份证号______）已于______年______月______日去世，去世前曾留有遗嘱，将部分遗产遗赠于本人。因《中华人民共和国继承法》规定，“受遗赠人应当在知道受遗赠后两个月内，作出接受或者放弃受遗赠的表示，到期没有表示的，视为放弃受遗赠”。因此，本人在此郑重表示，愿意接受______遗赠给本人的全部遗产。

声明人（签名、捺指印）：

年　　月　　日

14317

71.收养协议（福利机构与收养人签署）

使用场景：

送养人是福利机构时，与收养人签订的确定收养关系的协议。

法律要点：

根据《中华人民共和国收养法》第四条的规定，下列不满十四周岁的未成年人可以被收养：

（一）丧失父母的孤儿；

（二）查找不到生父母的弃婴和儿童；

（三）生父母有特殊困难无力抚养的子女。

既然送养人是福利机构，因此，被收养人应是第（一）（二）种情形。《收养法》对收养规定了许多限定条件，例如，该条规定的被收养人为不满十四周岁的未成年人，又如，收养人收养与送养人送养，须双方自愿。收养年满十周岁以上未成年人的，应当征得被收养人的同意，等等。

收 养 协 议

收养人：

性别：

出生日期：

身份证号：

现住址：

职业：

籍贯：

收养人：

性别：

出生日期：

身份证号：

现住址：

职业：

10400

籍贯：

送养人：____________福利院

法定代表人：

地址：

被送养人：

性别：

出生日期：

现经收养人、送养人协商一致，达成如下协议：

一、被送养人________出生于________年______月______日，经多方查找，找不到被送养人亲生父母，于______年______月______日由______乡、镇街道送至______福利院。

二、收养人______要求领养______福利院______为养子（女），并保证一定将他（她）抚养教育成人，决不遗弃，享受亲子（女）一样的待遇和权利。

三、经审查符合收养条件，送养人同意收养人收养被送养人。

送养人（盖章）：

签署时间：　　年　　月　　日

收养人（签字）：

签署时间：　　年　　月　　日

附件：证明

被送养人______，性别______，______年______月______日出生。经多方查找，找不到其亲生父母，于______年______月______日由______乡、镇、街道送至______福利院，由我院抚养、教育至今，故我院是______的合法监护人。

特此证明。

福利院（章）

年　　月　　日

72.外国人收养中国人子女收养协议

使用场景：

用于外国人收养中国人子女时签署。

外国人收养中国人子女收养协议

甲方（收养人）：

国籍：

证件类型与证件号码：

住所：

电话：

乙方（送养人）：______省______市______福利院

法定代表人：

住所：

电话：

甲乙双方就收养事宜达成协议如下：

第 1 条　被收养人的基本情况

被收养人姓名：

性别：

年龄：

健康状况：

现住址：

第 2 条　收养人的基本情况

收养人姓名：

性别：

年龄：

6689

证件类型与号码：

国籍：

宗教信仰：

工作单位：

职务：

现住址：

第 3 条　送养人的基本情况

送养人：______省______市______福利院

住所：

电话：

法定代表人：

送养理由：

第 4 条　有关确认

4.1　收养人的情况（健康、财产等收养法规定的条件）符合收养的条件。

4.2　收养人保证在收养关系存续期间，尽扶养收养人之义务。

4.3　甲乙双方在本协议签订后______日内，到______民政局办理收养登记手续。

4.4　公证：各方同意按下列第______种方式处理：

（1）无须办理公证手续（法律要求的需要认证的收养人材料除外）；

（2）本协议签订后______日内各方到具备相应资质的公证机关办理公证。

4.5　送养人同意对收养事宜承担保密义务，不得向第三方或被收养人透露。

第 5 条　本协议经各方签署且办理法定的登记手续之后生效

甲方（签字）：

授权代表（签字）：

签署时间：　　　年　　　月　　　日

乙方（盖章）：

法定代表人或授权代表（签字）：

签署时间：　　　年　　　月　　　日

73.解除收养关系三方协议

使用场景：

收养人、送养人、被收养人三方共同同意解除收养关系时签署。

法律要点：

《中华人民共和国收养法》中专门规定有解除收养的内容，现实生活中，也常发生收养被解除的情况，有时达不成一致意见，还要发生诉讼。且解除收养关系的案件在有些程序方面类似离婚案件，在法院判决不准解除后，半年内不能再次起诉。[①]

> 条文注解：《中华人民共和国民事诉讼法》第一百二十四条　人民法院对下列起诉，分别情形，予以处理：
>
> ……
>
> （七）判决不准离婚和调解和好的离婚案件，判决、调解维持收养关系的案件，没有新情况、新理由，原告在六个月内又起诉的，不予受理。

收养关系解除后，养子女与养父母及其他近亲属间的权利义务关系即行消除，与生父母及其他近亲属间的权利义务关系自行恢复，但成年养子女与生父母及其他近亲属间的权利义务关系是否恢复，可以协商确定。

解除收养关系协议

甲方（收养人）：

______，男/女，______年______月______日出生，______族，______工作单位和职务：____________，住址：____________，电话：____________。

______，女/男，______年______月______日出生，______族，______工作单位和职务：____________，住址：____________，电话：____________。

乙方（送养人）：

______，男/女，______年______月______日出生，______族，______工作单位和职务：____________，住址：____________，电话：____________。

6690

______，女 / 男，______年______月______日出生，______族，______工作单位和职务：____________，住址：____________，电话：____________。

或：送养人是福利机构时使用：

法定代表人：

住所：

电话：

丙方（被收养人）______，男 / 女，______年______月______日出生，______族，______工作单位和职务：____________，住址：____________，电话：____________。

（被收养人未成年时增加：法定代理人：______，男 / 女，______年______月______日出生，_____族，______工作单位和职务：____________，住址：____________，电话：____________）

收养人于______年______月______日收养了被收养人，并经______民政局登记确认收养关系。现经收养人、被收养人及送养人三方协商解除收养关系，并一致达成如下协议：

一、因________________原因，收养人与被收养人、送养人经协商一致同意解除收养关系。

二、解除收养关系后，原收养人与被收养人、送养人均不得干涉对方的生活，原因收养关系而产生的权利、义务随即终止。

三、本协议是收养人、被收养人及送养人的真实意思表示，经三方签字后发生法律效力，任何一方不得随意反悔。

四、本协议签署后，各方应一同到民政部门办理解除收养关系的登记。

五、收养关系解除的有关经济补偿：

各方均同意，无须就收养关系的履行与解除向任何一方支付补偿或费用。

六、本协议一式五份，各方各执一份，另外两份用于登记与存档。

签署时间：　　　年　　　月　　　日

甲方（盖章）：

联系人：

联系方式：
地址：

乙方（盖章）：
联系人：
联系方式：
地址：

丙方（盖章）：
联系人：
联系方式：
地址：

6690

74.家庭寄养协议

关注法天使

使用场景：

寄养家庭与福利机构签署的有关寄养的协议。

法律要点：

寄养和收养有本质区别，收养是一种法律行为，产生一系列法律后果。如收养人与被收养人之间，一旦确立收养关系，将产生拟制血亲关系，同亲生父母子女法律关系相同。而寄养则不同，寄养，只是将未成年人暂时由符合条件的家庭代为养育，解决被寄养人的生活教育等问题，不会产生像收养那样，在身份关系上的一系列变化。

家庭寄养协议

甲方（福利机构）：

法定代表人：

地址：

电话；

乙方（寄养家庭）：

______，男 / 女，______年______月______日出生，______族，______工作单位和职务：____________，住址：____________，电话：____________。

______，女 / 男，______年______月______日出生，______族，______工作单位和职务：____________，住址：____________，电话：____________。

上述各方经平等自愿协商，签订本合同以共同遵守。

一、乙方的权利、义务及职责

1. 乙方同意接收寄养甲方所属儿童孤儿一名：

______，男 / 女，______年______月______日出生，______族，______籍贯：_________。

2. 寄养家庭必须具备以下条件：

（1）有本市常住户口和固定住所。被寄养儿童入住后，人均居住面积不低于当地人均居住水平。

（2）有稳定的经济收入，家庭成员人均收入水平在当地人均收入处于中等水平以上。

（3）家庭成员未患有传染病或者精神疾病，以及其他不利于被寄养儿童成长的疾病。

（4）家庭成员无犯罪记录，无不良生活嗜好，关系和睦，与邻里关系融洽。

（5）乙方的年龄必须在三十岁至四十五岁，身体健康，具有照料儿童的能力经验，初中（或相当于）以上文化程度。

3. 乙方在寄养期间必须履行下列义务：

（1）保障被寄养儿童的人身安全，无偿抚养被寄养儿童。

（2）对被寄养儿童提供生活照料，帮助其提高生活的自理能力。

（3）培育被寄养儿童树立良好的思想道德观念。

（4）按国家规定安排被寄养儿童接受学龄前教育和义务教育。负责与学校沟通，配合学校做好寄养儿童的教育工作。

（5）定期向甲方反映被寄养儿童的成长情况。

（6）其他应当保障被寄养儿童权益的义务。

二、甲方的权利、义务与职责

1. 甲方定期培训寄养家庭中的主要照料人，并指导寄养工作。

2. 为寄养家庭养育被寄养儿童提供技术性服务。

3. 定期探访被寄养儿童，及时解决存在的问题。

4. 监督评估寄养家庭的养育工作。

5. 建立健全被寄养儿童和寄养家庭的文档资料。

三、寄养合同的履行

1. 双方签订寄养合同后，必须对寄养儿童安排试寄养，实施试寄养的时间最长不得超过______日。

2. 寄养合同中约定的主要照料人不得随时变更。确需变更的，经甲方同意后在家庭寄养合同主要照料人一栏中变更。

3. 乙方因家庭经济条件发生变化，不能继续寄养被寄养儿童时，应与甲方解除寄养合同。寄养合同解除后，被寄养儿童由甲方另行安置。

4. 乙方不履行本合同约定的义务，由甲方负责向乙方所在民政部门报告，责令其改正，必要时可以解除寄养合同；对被寄养儿童造成人身侵害的，应当赔偿并追究其法律责任。

5. 其他未尽之事，由双方共同协商解决。

6979

四、其他

1. 本合同一式二份，合同各方各执一份。各份合同文本具有同等法律效力。

2. 本合同经各方签署后生效。

五、附件

乙方需准备下列证明：

1. 县、市级医院健康证明。

2. 当地派出所户籍证明和身份证复印件。

3. 社区证明。

4. 工作单位证明。

签订时间：　　　年　　　月　　　日

甲方（签字或盖章）：

乙方（签字或盖章）：

75.分居协议

使用场景：

夫妻分居时就相关问题达成的协议。

法律要点：

1. 签订分居协议，可以证明双方分居的时间和事实，如果双方之后离婚，可通过该协议确定双方分居时间，如连续分居达两年，在法律上就视为感情破裂，依法可以判决离婚。

2. 签订分居协议，应当约定分居期间债务性质，以免因分居期间债务产生进一步的矛盾。

3. 如果有子女的，还要约定分居期间子女抚养及抚养费等事宜。

夫妻分居协议书

协议人（男方）：______，______年______月______日出生，______族，身份证号______。

协议人（女方）：______，______年______月______日出生，______族，身份证号______。

协议双方于______年______月______日登记结婚，于______年______月离婚，______年______月______日于______民政局再次登记结婚，婚后______年______月______日生育一女名______，现年5岁。现因夫妻经常闹矛盾，感情不和，为缓和夫妻矛盾，双方一致同意分居2年时间，以便冷静思考婚姻之继续与否，分居满2年后依然无法和好的，双方可依据本协议离婚或依法提起离婚诉讼。经协议人自愿协商，达成正式分居协议，如下：

一、分居时间

双方一致确定并认可夫妻分居从______年______月______日到______年______月______日。

二、住所安排

分居期间男方居住于______；女方与女儿居住于______。

三、子女抚养

1. 分居期间子女随女方生活，男方每月给付抚养费______元；

13141

2. 男方每两周可探望女儿一次，每次为两天，于隔周的每周五晚接走，周日晚送回。

四、财产规定

1. 分居前的夫妻共同财产，房屋两套，一处位于______，一套位于______。位于______的房屋归男方使用，位于______的房屋归女方使用；

2. 汽车两辆，分别为现代途胜及宝马轿车。分居期间现代途胜由男方使用，宝马车由女方使用。

3. 分居期间淘宝 5 皇冠网店 1 间（年营业额约______元人民币），4 钻网店 1 间、个体工商户店铺 1 间、现有生意净资产（服装库存、摄影器材，办公用品）约合人民币______元，归男方经营使用。

4. 两人名下全部债务，由男方承担，分别为：

淘宝贷款______元，网店经营货款欠款及男方个人用途贷款；

广发银行信用卡，女方名下卡号：______，网店经营货款欠款 ______元；

中信银行信用卡，女方名下卡号：______；

朝阳区房屋装修费用______元，及每月分期手续费______元，______年______月______日新增______元，分 36 期，每月还款______元，手续费每月______元；

浦发银行信用卡，女方名下卡号：______，欠款______元，含______首付款，______元及部分货款欠款；

华夏银行信用卡，男方名下卡号：______，欠款______元，为男方个人债务；

广发银行信用卡，男方名下卡号：______，欠款______元，为男方个人债务。

5. 双方各自承担对父母的赡养义务，互不干涉。

6. 分居后，双方均不得对外借款，如有借款则视为其个人债务。

五、人身规定

1. 分居期间相互不履行夫妻权利义务，任一方不得强制要求对方履行夫妻义务；

2. 分居期间，双方享有平等的分居权利，双方暂时互不履行相互扶养之义务，但有一方丧失劳动能力等特殊情况时除外。

六、分居期间或结束时，双方有如下选择

1. 双方协议自愿恢复正常夫妻关系。

2. 双方达成离婚协议并到民政部门办理离婚登记。

3. 双方协议不成，任一方可以据此协议到法院起诉离婚。届时本协议将视为《中华人民共和国婚姻法》规定的“因感情不和分居满两年的”主要证据。

七、本协议一式两份，自双方签字时生效，男女双方各持一份，具同等法律效力

协议人（男方）：　　　　　　　　协议人（女方）：

日期：　　　　　　　　　　　　　日期：

13141

关注法天使

76.赠与协议（父母赠与房屋给子女）

使用场景：

父母将不动产赠与子女时签订。

法律要点：

婚姻家庭案件中的赠与协议常常发生在亲属之间，有人可能会有疑问，亲属之间赠与为什么还要签协议。以本协议为例，如果受赠人是已婚状态，通过书面的赠与协议，就可以明确是其个人财产，而不是夫妻共同财产。在一些婚姻已经出现风险的情况下，签署赠与协议就是非常有必要的，而且最好公证，以证实签订协议的真实时间。在离婚诉讼中，有些当事人也会出示一些父母与自己的赠与协议，以证实所赠为对自己个人的赠与，但是由于双方之间明显的利害关系，使这样的证据很难得到采信，而通过公证的赠与协议则不然，其真实性往往会得到法院的认可。

赠 与 协 议

赠与人：

______，男 / 女，______年______月______日出生，______族，身份证号______。

______，女 / 男______年______月______日出生，______族，身份证号______。

受赠人：

______，女 / 男，______年______月______日出生，______族，身份证号______。

______与______为夫妻关系，______为______和______的女儿。现______与______经协商，拟将夫妻共有的坐落于______房屋一处赠与女儿。具体事项约定如下：

一、______房屋（产权证号：______）为______与______的夫妻共同财产，现产权登记在______名下，无贷款。______和______自愿赠与女儿______个人所有，为其个人财产。

二、本协议签订后三十日内______和______应配合______办理产权过户手续。

三、本赠与协议从签订之日起生效，为不可撤销合同。

四、本合同一式三份，三人各持有一份，具同等法律效力。

赠与人：　　　　　　　　　　　　受赠人：

年　　月　　日　　　　　　　　　年　　月　　日

16269

77.借款协议

使用场景：

亲属之间借款时签订，如为子女购房出借款项等。

法律要点：

父母出资为儿女买房，应明确款项性质，尤其是在子女已婚的情况下。如果是赠与，应明示赠与，并明示是赠与单方还是双方；如系借款，子女又已婚的，应请子女及配偶同时作为借款人，明确借款为共同债务；如系投资，则应一起签订投资协议。根据款项性质不同，法律后果都是不同的。明确款项性质后，不容易发生纠纷。笔者代理的很多婚姻家庭案件，在诉讼发生时各方对款项性质往往各执一词，各自选取有利于自己的主张，加重矛盾，难于处理。因此在出资之初，各方就明确款项性质，反而有利于彼此相处。

借款协议

借款人：

______，男／女，______年______月______日出生，______族，身份证号______。

______，女／男，______年______月______日出生，______族，身份证号______。

贷款人：

______，男／女，______年______月______日出生，______族，身份证号______。

______，女／男，______年______月______日出生，______族，身份证号______。

______与两贷款人是父母子女关系，______与______为夫妻关系，______与______是夫妻关系。现因______与______婚后购房，资金紧张，特向父母借款，双方达成如下协议：

一、______和______向______和______出借人民币______万元用于购房，于______年______月______日之前支付至______的如下银行账户：

中国工商银行账号：______

二、该贷款在十年内为无息贷款，______和______应在十年内还清该______万元。即借款期限为______年______月______日至______年______月______日。

三、如到期未能归还，除应继续归还本金外，还需加收利息，即十年后仍

13143

未偿还本金部分从借款期限届满第二日起按同期银行贷款利率计算利息。

四、本协议一式两份，自签订之日起生效，双方各执一份。

借款人签名：　　　　　　　　贷款人签名：

年　月　日　　　　　　　　年　月　日

78.投资协议

使用场景：

家人要一起投资时所签订的协议。

法律要点：

投资关系和赠与、借贷均不同，既然是投资，则要共享利益，共担风险，即假设共同投资不动产，则房屋增值利益应按约分配。考虑到家人共同投资和普通的投资有区别，在利益分配上不一定完全按照出资比例，也可以有所灵活，但协议签订的目的就是要将所有的约定事项予以明确，协议各方对自己享有的权利义务都知晓，才不容易产生矛盾。

投资协议

甲方：

______，男/女，______年______月______日出生，______族，身份证号______。

______，男/女，______年______月______日出生，______族，身份证号______。

乙方：

______，男/女，______年______月______日出生，______族，身份证号______。

______，男/女，______年______月______日出生，______族，身份证号______。

______与______是父母子女关系，______与______为夫妻关系，______与______是夫妻关系。现四人决定共同投资购房，达成如下协议：

一、四人共同出资购买座落于______房屋一处。

二、考虑到办理手续的简便以及申请贷款的方便等事项，四人同意仅以______的名义签订购房合同、办理贷款并办理产权证。

三、四人约定出资比例如下：

1. 首付款______万元，______和______出资______万元，______和______出资______万元。______和______应于______年______月______日之前将______万元转至__________如下银行账户：______________________________

中国招商银行账号：______________。

2. 以______的名义申请银行贷款______元，之后每月还款由______和

13145

______垫付，每满一年，______和______应按本年度实际还贷数支付一半至______的还贷账户内，于每年 1 月 5 日前支付上一年的贷款。

四、将来房屋产权人虽只显示______一人，但四人均确认该房实为甲乙双方按份共有，即甲方占有产权的 50%，乙方占有产权的 50%。

五、四人将来可协商共同出售该房，以______的名义办理出售相关手续，所得售房款甲乙双方各一半。

六、在出售前，甲方可在此房内居住，乙方同意不收取租金。

七、如甲方不在此房居住，因乙方现另有住房，四人可共同出租该房屋，以______的名义签订租赁合同，所得租金甲乙双方各一半。

八、如因其他合理理由，甲乙双方不再适合共有此房，任何一方任何一人均可提出析分该房的主张，甲乙双方应友好协商处理。

九、本合同一式四份，自签订之日起生效，每人执一份。

甲方签名：　　　　　　　　　　　　乙方签名：

年　　月　　日　　　　　　　　　　年　　月　　日

79.分家析产协议

使用场景：

家庭成员就共同财产的分割达成一致签订的协议。

法律要点：

家庭成员间共同共有财产是很常见的情况，如城市内经常遇到拆迁所获得的财产，往往就是共同财产，如何明晰财产权属，在大家庭和小家庭之间进行利益分配，是必须要面对的问题。这时候，大家协商一致，签订一份分家析产的协议，明确财产分割、财产权属及后续履行等事项，避免产生矛盾，是十分必要的。

分家析产协议

甲方______，男/女，______年______月______日出生，______族，身份证号______。

乙方______，男/女，______年______月______日出生，______族，身份证号______。

丙方______，男/女，______年______月______日出生，______族，身份证号______。

丁方______，男/女，______年______月______日出生，______族，身份证号______。

上述各方签署协议如下。

一、甲方系乙、丙、丁方之父（母），甲方家庭财产如下：

1. 坐落于______的房屋一套，产权证号______，面积：______；
2. 存款人民币（大写）______（______元）；
3. 家具人民币（大写）______（______元）。

二、乙方、丙方、丁方系兄弟姐妹关系，均已结婚，______与甲方共同生活，______均愿分家单过，甲方与子女协商后，均同意并请______作见证人，根据每个子女的人口和经济状况，达成分家析产协议如下：

1. 甲方分得____；
2. 乙方分得____；
3. 丙方分得____；
4. 丁方分得____；

6931

5. 各人原居室衣物归个人所有。

三、甲方百年后，所遗房屋归______继承，其他衣物和存款由______和______共同继承。

四、以上所立各项各立约人完全同意，并有见证人在场，今后各自分居单过，永无争执。

五、由于不可抗力事件，致使一方在履行其在本合同项下的义务过程中遇到障碍或延误，不能按规定的条款全部或部分履行其义务的，不应视为违反本协议。本协议所指不可抗力，是指不能预见、不能避免并不能克服的客观情况。

六、各方就履行中产生的任何争议，都应由各方通过友好协商解决，协商不成，任何一方有权向本合同签订地______人民法院提起诉讼。

七、本协议自各方立约人签字按手印后生效，立约人各方各执一份，每份具有同等效力。

签署时间：　　　年　　　月　　　日

甲方（签字捺手印）：

乙方（签字捺手印）：

丙方（签字捺手印）：

丁方（签字捺手印）：

见证人（签字）：
身份证号：
联系方式：
见证人身份：

80.赡养协议（详细版）

使用场景：

用于有赡养义务的人之间，或赡养人与被赡养人之间订立的的有关赡养的协议。

法律要点：

我国《婚姻法》及《老年人权益保障法》中都有对老年人赡养义务的规定。根据《老年人权益保障法》的规定，赡养人应当履行对老年人经济上供养、生活上照料和精神上慰藉的义务，照顾老年人的特殊需要。在赡养义务人未尽到相应赡养义务时，可以通过签订协议的方法将其义务予以明确，这其中又以约定赡养费的内容为多。如赡养人不履行赡养义务的，老年人可以提起赡养纠纷的诉讼。

家庭赡养协议

被赡养人姓名：

父亲：

母亲：

赡养人姓名：

长子：

次子：

长女：

次女：

为维护被赡养人合法权益，弘扬中华民族尊老、敬老、爱老传统美德，发挥家庭养老的基础作用，促进家庭和睦、和谐，切实保障被赡养人的晚年生活，根据《老年人权益保障法》《婚姻法》《继承法》等有关法律规定，赡养人和被赡养人签订家庭赡养合同。

被赡养人于______年结婚，婚后生有______儿______女（赡养人），现已长大成人。因被赡养人年事已高，生活行动不便，需要各位赡养人的赡养，各

3315

赡养人具备赡养的能力。经过被赡养人、各赡养人的充分协商，各方在平等、自愿的基础上达成如下合同。

一、赡养的基本原则

1. 赡养人不分男女都有赡养被赡养人的义务，各赡养人应积极履行对被赡养人经济供养、生活照料和精神慰藉的义务，照顾被赡养人的特殊需要，使被赡养人能够在身体、心理和智力方面尽可能得到妥善的照顾，幸福地生活。

2. 被赡养人在政治、经济、文化、社会和家庭生活等方面的合法权益受法律保护，各赡养人及其家庭成员不得侵犯。赡养人应尊重被赡养人的生活习惯、宗教信仰、隐私，禁止侮辱、诽谤、殴打、虐待和遗弃被赡养人。

3. 被赡养人在身体健康、经济条件允许的情况下，按照自愿、量力的原则，给赡养人及其家庭以帮助，酌情减轻赡养人的负担。被赡养人在力所能及的情况下可以给予赡养人一定的帮助，如照顾孙子女、做简单家务等，但赡养人不得要求被赡养人承担不愿意或力不能及的劳动。

4. 赡养人应为被赡养人提供适合其需要和健康状况的居住环境，提供必要的健康保健，使被赡养人能够自由选择生活方式，并在其熟悉的环境中度过他们所希望的独立生活。

5. 赡养人的配偶应当协助赡养人履行赡养义务，赡养人家庭成员应尊重、照顾被赡养人。被赡养人所需的各项赡养费用和物资由赡养人根据各自的经济状况协商负担。

6. 被赡养人的房屋产权、房屋租赁权和居住权受法律保护，未经被赡养人同意或者授权，赡养人及其配偶、子女不得强占、出卖、出租、转让或者拆除，不得擅自改变租赁关系。经被赡养人同意由赡养人出资翻建的，应当明确被赡养人享有的产权和居住权。

7. 赡养人不得强行将有配偶的被赡养人分开赡养。赡养人应当尊重被赡养人的婚姻自由，被赡养人有权携带自有财产再婚；赡养人及其家庭成员不得以被赡养人的婚姻关系发生变化为由，强占、分割、隐匿、损毁属于被赡养人的房屋及其他财产，或者限制被赡养人对其所有财产的使用和处分。被赡养人再婚的，赡养人仍有赡养的义务，不得以此为借口不尽赡养义务。

8. 被赡养人有权依法继承配偶、父母、子女的遗产和接受遗赠。被赡养人的财产依法由被赡养人自主支配，赡养人及其配偶、子女不得向被赡养人强行索取。

9. 赡养人中经济条件较好的，可以对被赡养人适当增加赡养费，经济条件较差的，在征得被赡养人和其他赡养人同意的情况下可以适当减少赡养费。

10. 赡养人的配偶、子女应当继承和发扬中华民族尊老、爱老的传统美德，积极支持赡养人履行赡养义务，并经常问候、看望、照顾被赡养人。

二、赡养人对被赡养人经济上供养的内容及义务

1. 赡养人应保证被赡养人每年春、夏、秋、冬合理添置新外衣、内衣、鞋帽等个人物品（被赡养人同意不购买的除外），所需费用由赡养人共同承担。赡养人保证被赡养人的衣服、被褥干净、整洁，被赡养人单独居住的由当期赡养人负责，被赡养人同赡养人共同居住的由同住赡养人负责。

当期赡养人是指赡养人按照本合同轮流赡养、护理、照顾被赡养人，当轮到具体的赡养人时，该赡养人即为当期赡养人。

2. 赡养人应妥善安排好被赡养人的膳食结构，保证被赡养人吃饱、吃好，每周保证有肉、鱼、蛋、新鲜蔬菜和水果等。食品的购买、烹饪和餐具的清洗，被赡养人单独居住的，由当期赡养人负责；被赡养人同赡养人共同居住的，由同住赡养人负责。被赡养人对膳食有特殊要求的，应尽量满足被赡养人的要求。被赡养人单独居住自己负责购买、烹饪的，所需费用由赡养人共同承担，在征得被赡养人同意的情况下，赡养人可以提供粮食、蔬菜以及柴、米、油、盐等实物。

3. 赡养人应为被赡养人提供安全、舒适、方便的居住场所以及其他生活用品。赡养人应当妥善安排被赡养人的住房，不得强迫被赡养人迁居条件低劣的房屋。被赡养人单独居住的，如房屋损毁，赡养人应负责及时维修，确保被赡养人的住所不破、不漏，卫生整洁，费用由赡养人共同承担。如被赡养人租赁房屋居住的，房租由赡养人共同承担。因房屋拆迁被赡养人没有居住房屋的，被赡养人可以选择到任何赡养人家居住。被赡养人的拆迁补偿款任何赡养人不得截留、侵占。

4. 赡养人应保证被赡养人为满足日常需要自由出行的权利，所需交通费用由赡养人共同分担。如被赡养人不能自行出行，赡养人应安排时间负责陪同被赡养人出行，所需交通费由当期赡养人承担。被赡养人需要添置轮椅的，赡养人应及时购买，所需费用由赡养人需共同承担，当期赡养人应经常陪同被赡养人到户外活动。

5. 被赡养人单独居住时所需的水、电、煤气、电话、有线电视、零用钱等日常必需费用由各赡养人承担。被赡养人生活用品、个人用品的更换、维修费用由各赡养人共同承担。

3315

三、赡养人对被赡养人生活上照料的内容及义务

1. 被赡养人生病，赡养人应及时给予医治，并负责生活照料与护理。被赡养人日常检查、就诊、买药由当期赡养人或同住赡养人负责，就近购买。被赡养人有大病需住院治疗的，应就近治疗。

2. 被赡养人住院期间由各赡养人轮流护理，没有时间或条件亲自护理的，由当期赡养人聘请专人护理。

3. 被赡养人生活不能自理时，赡养人自行护理的，每______个月轮换一次，由当期赡养人护理。个别赡养人不能亲自照料被赡养人的，可以按照被赡养人的意愿，请人代为照料，并及时支付所需费用。赡养人之间可以协商由其中一个赡养人护理，其他赡养人应支付相应的补助，补助的数额由赡养人共同协商。

4. 全体赡养人没有时间或条件亲自护理的，可以聘请专业人员护理，护理人员工资、餐饮费用由全体赡养人共同分担。赡养人也可以在征得被赡养人同意的情况下，将被赡养人送到社会兴办的托老所养老，所需费用由赡养人共同承担。

四、赡养人对被赡养人精神上慰藉的内容及义务

1. 赡养人在做好物质赡养（衣、食、住、行、医等）的同时，应尽力满足被赡养人文化、娱乐等方面的需求，保证被赡养人生活充实、精神愉快。

2. 赡养人与被赡养人不在一起居住的，应当经常问候、看望，并对被赡养人的生活给予妥善安排。当期赡养人或其家庭成员应每______天探望一次，本地赡养人应每______个月探望被赡养人一次，外地（省内）赡养人应每______个月探望被赡养人一次、外地（省外）赡养人应每______个月探望被赡养人一次。居住在国外的赡养人可以根据实际情况探望或以其他方式问候。

3. 被赡养人有权利参加老年学校、老年秧歌队、法律知识培训班、保健知识培训班，有权参加有关组织举办的秧歌、体操、卡拉 OK 演唱、文体活动等比赛，赡养人及其配偶、子女不得干涉。

4. 被赡养人体弱多病行走不便的，赡养人要及时给予医治、照顾和精心看护，在精神上关心被赡养人，不得用粗暴蛮横的语言对待被赡养人，要使被赡养人在精神上感到温暖。

5. 赡养人每年要为被赡养人庆祝生日或结婚纪念日，赡养人的家庭成员在不影响工作的情况下尽量参加。宴会费用由全体赡养人共同承担。庆祝期间赡养人尽可能创造轻松、愉悦的气氛，不得谈及伤害、侮辱被赡养人或其他赡养人的话题。

五、赡养人对被赡养人其他事务的义务

1. 赡养人有义务根据被赡养人的意愿代耕、代种、收割被赡养人的责任田、承包田、自留地，照管被赡养人的林木和牲畜等，收益归被赡养人所有。被赡养人可以对提供劳务的赡养人给予适当补助。

2. 赡养人有义务按照被赡养人的要求领取房租、退休金以及其他物品，代为缴纳各种费用、寄送物品、收发邮件。

3. 赡养人有义务按照被赡养人的要求管理其他事务，其他赡养人不得干涉。

4. 被赡养人参加亲朋好友的婚、丧、嫁、娶等需要随礼的，当期赡养人应负责安排接送，赡养人不得干涉。

六、赡养的方式、周期

1. 被赡养人单独居住的，赡养人应主动上门赡养，各赡养人每______个月轮换一次。

2. 被赡养人与赡养人同住的，各赡养人按照长幼顺序每______个月轮换一次，下一顺序的赡养人负责上门接回被赡养人。

3. 赡养人聘请专人护理或委托托老所养老的，应事先仔细考察护理人员或托老所的实际情况，事后经常探望，不得事后对被赡养人置之不理。

七、赡养费及共同承担的费用数额、给付方式、给付时间

1. 被赡养人单独居住的，赡养人每月给付被赡养人赡养费人民币______元。被赡养人与赡养人共同居住的，其他赡养人每月支付被赡养人零用钱人民币______元。

2. 被赡养人居住在托老所的，赡养人按照托老所的要求，及时、足额缴纳自己应当分担的费用，赡养人每月支付被赡养人零用钱人民币______元。

3. 赡养人可以被赡养人的名义建立养老专用账户，各赡养人通过转账方式将赡养费或共同分担的费用转入专用账户。设立专用账户、采取转账方式有困难的，或被赡养人要求以现金方式支付的，赡养人应以现金支付。赡养人应填好相应凭证，以便将来对支付赡养费或共同分担的费用承担举证责任。

4. 本协议第二条，第三条，第四条，第五条，第七条第一、二项，第十三条中所涉及的赡养费或共同承担的费用，由赡养人承担。如被赡养人有退休工资或其他收入的，赡养费或共同承担的费用从被赡养人的退休工资或其他收入中优先支取，具体由当期赡养人、同住赡养人或预定的监护人、被赡养人委托的人负责支取。被赡养人有医疗保险的，从医疗保险或医疗保险卡中支取，医疗保险不能报销的或被赡养人无力支付的医疗、护理等费用，由赡养人共同承担。被赡养人同意从存款或其他财产中支取的，在保留丧葬费用的前提下，赡养人可以从中支取，不足部分，由赡养人共同承担。

5. 赡养协议的内容，根据实际情况和当地经济社会发展状况进行调整；赡养人单独居住的，赡养费标准按照当地物价上涨幅度每二年浮动一次，并不低

3315

于当期赡养人家庭成员生活标准或当地最低生活标准（以两者高者为标准）。

八、被赡养人财产情况及其保护

1. 被赡养人现有房产______处。

2. 被赡养人现有储蓄人民币______元。

3. 被赡养人每月退休金人民币______元。

4. 被赡养人其他财产____。

5. 被赡养人其他收入____。

被赡养人不愿公布财产情况的，赡养人不得强行要求被赡养人公布，更不得对被赡养人的财产进行搜查。被赡养人的财产依法由被赡养人自主支配，有权自行决定使用。赡养人及其配偶、子女不得向被赡养人强行索取，更不得侵占、挪用。

九、被赡养人预定监护人及其权利义务

1. 被赡养人委托______作为本人丧失判断能力 / 行为能力之后的监护人。

2. 监护人在监护期间享有以下权利和义务：代理被赡养人参加民事活动和民事诉讼活动；保护被赡养人的人身、财产及其他合法权益，除为了被赡养人的利益外，不得处理被赡养人的财产；监护人依法履行监护的权利，受法律保护；监护人不履行监护职责或者侵害被赡养人的合法权益，应当承担责任，给被赡养人造成财产损失的，应当赔偿损失，其他赡养人可以向人民法院申请，撤销监护人的资格。

3. 在被赡养人无行为能力时，如监护人也丧失行为能力的，由其他赡养人共同推选另一位赡养人担任被赡养人的监护人。

十、其他赡养人对监护人的权利、义务

1. 执行监护人依法作出的决定。

2. 监护人失职或者滥用监护权时，及时予以警告。

3. 监护人侵害被赡养人合法权益时，代表被赡养人的利益进行制止，并代理被赡养人向人民法院起诉。

4. 监护人丧失行为能力时，选任新的监护人。

十一、家庭会议

1. 家庭会议分为定期会议和临时会议。定期会议应当每年召开一次，具体时间由赡养人共同商定，暂定为每年的______月______日。家庭会议由全体赡养人组成，过半数出席方能举行。家庭会议主持人拟定会议内容，由全体赡养人表决。家庭会议的表决，实行赡养人一人一票，按照少数服从多数的原则。占赡养人二分之一以上（含二分之一）或被赡养人提议召开临时会议的，应当召开临时会议。

2. 家庭会议由______担任主持人，负责召集、主持家庭会议；主持人不能召集、主持家庭会议时，由半数以上赡养人共同推举一名赡养人召集、主持。召开家庭会议，主持人应当于家庭会议召开十五日前通知全体赡养人。家庭会议应当对所议事项的决定作成会议记录，出席家庭会议的赡养人应当在会议记录上签名。

3. 家庭会议记录由赡养人或家庭成员记录，记录有困难的，可由亲朋好友或有关单位人员记录。主持人负责保管家庭会议记录，事后应根据赡养人的人数复印，然后交给各赡养人。

4. 由家庭会议表决的事项：决定增加赡养费；选举和更换监护人；提请修改赡养协议；起诉不履行赡养协议的赡养人；为被赡养人购买数额在人民币______元以上的生活用品、个人用品；被赡养人住院治疗、生活不能自理需要护理，病危、死亡需要筹集费用；依法处理被赡养人财产；变更赡养方式；变更给付赡养费时间；被赡养人财产的使用；赡养人、监护人侵害被赡养人财产；其他重要事项。

5. 赡养人以书面形式一致表示同意的，可以不召开家庭会议，直接作出决定，并由全体赡养人在决定文件上签名。

6. 赡养人的配偶、子女以及其他亲属、有关单位人员可以参加家庭会议，提出建设性意见，但对赡养事宜没有表决权。

7. 赡养人及其配偶、子女在家庭会议上的发言，一般每次不超过十分钟。经家庭会议主持人同意的，可以延长发言时间。发言按照长幼顺序进行，一个人说完之后，另一个人再说；不得抢话、压制别人说话，不得使用侮辱、威胁性的语言，更不得使用暴力。

8. 赡养人除因病或者其他特殊原因请假的以外，应当出席家庭会议。家庭会议召开过程中，任何赡养人不得中途退出。家庭会议作出的决定对缺席的赡养人或中途退出的赡养人有约束力，缺席的或中途退出的赡养人应当执行。

9. 表决由全体赡养人过半数通过，未过半数的由被赡养人决定。表决结果当场宣布。通过的表决结果不得损害被赡养人的合法权益，合法的表决结果赡养人应共同执行。

10. 家庭会议表决后，需要签订补充协议的，各方可以签订补充协议。

十二、被赡养人财产的使用

1. 赡养人在下列情况可以使用被赡养人的财产：为被赡养人购买数额在人民币______元以下的生活用品、个人用品；被赡养人住院治疗；被赡养人病危；被赡养人死亡；被赡养人生活不能自理；被赡养人需要聘请专业人员护理；被

3315

赡养人决定使用自己的财产；其他重要事项。

2. 赡养人在使用上述财产时，应征得被赡养人的同意，但被赡养人因病不能做出意思表示或不能做出正确意思表示的，经家庭会议决定可以不征得被赡养人的同意。赡养人使用财产时，应遵循为了被赡养人的利益，合理使用被赡养人的财产的原则，不得铺张浪费，不得侵占、挪用。

3. 经办事务的赡养人对使用被赡养人财产数额做好记录，开具发票或收据，交被赡养人签收，在家庭会议上汇报，由家庭会议进行确认。其他赡养人可以查阅、质询花费情况，经办事务的赡养人应予以说明。

4. 对私自动用被赡养人财产的，被赡养人或赡养人推选的代表可以要求返还，拒不返还的，可以通过诉讼方式解决。

十三、属于全体赡养人共同分摊的费用

1. 被赡养人的衣、食、住、行、医疗等费用。

2. 被赡养人单独生活发生的水、电、煤气、电话、房租、维修费等生活费用。

3. 被赡养人生日或纪念日宴会费用。

4. 丧葬费用等被赡养人花费的其他需要共同分摊的费用。

十四、被赡养人的丧葬费用分担和遗产继承

1. 被赡养人去世后，赡养人应按照国家的有关规定办理丧事，丧葬费用从被赡养人的遗产中支取，不足部分由赡养人共同承担。

2. 赡养人应遵守国家关于丧葬的有关规定，不得铺张浪费。个别赡养人在未同其他赡养人协商的情况下，超过正常标准办理丧事的，所花费的费用，由责任人自行承担。正常标准范围内所支出的合理费用，由赡养人共同承担。

3. 被赡养人去世后，被赡养人的遗产有遗嘱的按遗嘱执行。没有遗嘱的按照《继承法》的规定继承。被赡养人的个人物品、金银首饰等遗产可以由赡养人通过竞价的方式获得，所得款项按照《继承法》的规定继承。

十五、协议变更的条件和争议的解决方法

1. 变更本协议应取得被赡养人、赡养人全部同意后方可变更、修改。

2. 因履行本协议出现纠纷的，赡养人各方应友好协商；协商不成的，可以请求当地社区、街道、居民委员会、村民委员会等调解组织调解；调解不成的，由被赡养人、赡养人向被赡养人居住地人民法院起诉。

3. 赡养人在协商、调解的过程中，各赡养人应本着实事求是、求同存异、最有利于维护被赡养人利益的原则进行协商，妥善处理好争议事宜。

十六、违约责任

1. 赡养人不得以放弃继承权、被赡养人的婚姻关系变化或其他理由，拒绝履行赡养义务。

2. 赡养人不履行赡养义务，被赡养人有要求赡养人给付赡养费的权利。

3. 赡养人不履行给付赡养费、共同分担费用的，除了支付赡养费、共同分担的费用外，还应按照应当缴纳的赡养费、共同分担的费用数额的每日 1% 支付违约金。因赡养人不履行本合同而产生的诉讼费、律师费、交通费、赡养期间的护理人员费用由违约的赡养人承担。

4. 赡养人不尽赡养义务的，在继承遗产时少分或不分。

5. 部分赡养人不履行本协议义务，其他赡养人按照长幼顺序由不尽赡养义务赡养人的下一顺序赡养人继续履行赡养协议约定的义务，任何赡养人不得以此作为自己不履行义务的理由。

十七、赡养人可以不履行赡养义务的情形

1. 赡养人无行为能力。

2. 赡养人部分丧失行为能力，且没有经济收入。

3. 赡养人无经济收入，不能独立生活。

4. 被赡养人对赡养人或其家庭成员有严重犯罪行为。

十八、附则

1. 赡养人对本协议内容完全理解和认同，并同意替代此前所有协议，无论是口头的还是书面的。在打印或填写过程中，未经其他赡养人、被赡养人书面同意，任何赡养人不得随意更改本协议中的任何条款。本协议经各方签字后生效，任何更改均需各方协商一致并以书面形式确认。

2. 本协议生效后，赡养人必须切实遵守，赡养关系不存在时自然终止。本协议未尽事宜，由各方签署补充协议进行约定。补充协议与本协议具有同等法律效力。未达成补充协议的参照《老年人权益保障法》执行。

3. 各方变更通讯地址或其他联系方式，应自变更之日起十日内，将变更后的地址、联系方式通知所有赡养人、被赡养人，否则变更方应对此造成的一切后果承担责任。

4. 本协议的理解与解释应依据协议目的和文本原意进行，本协议的标题仅是为了阅读方便而设，不应影响本协议的解释。

3315

5. 已尽赡养义务的赡养人可以向未尽赡养义务的人追偿其应分担的赡养费和其他应当共同分担的费用。赡养人不履行本协议约定义务的，愿意接受依法强制执行。

6. 本协议可经律师见证或公证，未经见证或公证的，不影响本协议的法律效力。本协议赡养人共同委托______村（居）民委会监督执行。

7. 本合同一式______份，具有同等法律效力。赡养人、被赡养人、合同履行监督人、村（居）民委会各执一份。

签约地点：　　　市　　　区

签约时间：　　　年　　　月　　　日

被赡养人：

父亲：

母亲：

赡养人（及配偶）：

长子：

配偶：

次子：

配偶：

长女：

配偶：

次女：

配偶：

见证人：

孙子女：

孙子女：

孙子女：

孙子女：

合同履行监督人：

被赡养人监护人：

见证律师：

3315

81.赡养协议（简单版）

关注法天使

使用场景：

用于有赡养义务的人之间，或赡养人与被赡养人之间订立的的有关赡养的协议，内容简单直接，较实用，参考性强。

法律要点：

除因为赡养费发生问题需要一家人协商外，赡养义务人较多时，到底由谁家与老人同住，照顾老人，也往往是容易产生矛盾的地方。一般情况下，可以商定由一家主要负责照顾，其余人等可常看望并给付赡养费，也有约定在各子女家中轮流居住的。只要赡养义务人和老人能达成一致，都是可以的。

赡 养 协 议

母亲：______，______年______月______日出生，______族，身份证号______。

长女：______，______年______月______日出生，______族，身份证号______。

长子：______，______年______月______日出生，______族，身份证号______。

次女：______，______年______月______日出生，______族，身份证号______。

因母亲______的赡养一事，经三子女及母亲商议，达成如下协议：

一、因______年事已高，需人直接照顾，特委托长女______一家直接照顾母亲，______一家可与母亲共同居住于母亲住所内，即______。

二、母亲______有退休工资每月约______元，全部交予______管理，主要用于母亲的日常生活开支。

三、______每年______月______日前向______支付母亲的赡养费______元，平日有时间时应主动探望母亲。

四、母亲______如有医疗等大额开支（指单次费用超过5000元的）时，三个子女每人承担三分之一。

五、母亲如遇病重需要陪护时，三个子女轮流值班陪护，并可共同聘请护工帮助护理，护工费用每人承担三分之一。

六、本协议一式四份，每人执一份，具同等法律效力。

母亲：

年　　月　　日

长子：

年　　月　　日

长女：

年　　月　　日

次女：

年　　月　　日

13146

82.同居协议

使用场景：

在同居前就财产关系等进行约定时使用。

法律要点：

由于种种原因，现在只同居但不登记结婚的情形越来越多，对于同居期间的财产关系，法律并未予以明确规定。同居期间因财产关系发生纠纷的案件也很多，如同居关系析产纠纷、要求确认同居期间所购房屋为双方共有的所有权确认案件、共有物分割纠纷等。同居关系不似婚姻关系，婚姻存续期间适用《婚姻法》明确规定的法定财产制度，只要没有书面的财产约定，可以推定双方适用法定的夫妻财产制度，即婚后所得共同制。而同居，虽然由于现实的需要，很可能产生财产混同的现象，甚至可能出现一部分共有物，但毕竟双方无婚姻关系，不受法定财产制的制约，对于这期间的财产归属，法律规定较少且不明确，一旦发生纠纷，风险很高。因此，如在同居前或同居时签此协议，明确相关财产关系等问题，不失为一个好方法。

同居协议

男方：______，______年______月______日出生，______族，身份证号______。

女方：______，______年______月______日出生，______族，身份证号______。

男女双方现决定同居，对同居期间相关事项达成如下协议：

一、双方同居期间，共同居住于男方名下房屋，即______。

二、双方同居期间，各自名下的财产归各自所有。

三、双方建立共同的银行账户（____________银行，卡号：____________），双方定期按男方60%、女方40%的比例存入现金，双方共同的生活开支等使用该共同账户内的钱来支付。

四、双方如需共同购买较大额的财产（如家用电器等），由男方单独出资60%、女方单独出资40%共同购买，但所购财产为双方共同共有。

五、在同居期间由单方出资购置或产生的财产（如房屋、汽车、公司股权、个人用品等）均为购买人的个人财产。

六、双方在同居期间，应尽互相帮助之义务。

七、本协议一式两份，自签订之日起生效，男女双方各执一份，具同等法律效力。

男方：　　　　　　　　　　　　　　　女方：

年　　月　　日　　　　　　　　　　　年　　月　　日

13147

关注法天使

83.同居期间财产约定

使用场景：

对同居期间产生财产的约定。

法律要点：

夫妻可以在婚姻存续期间签订夫妻财产约定，将现有财产的归属进行重新的分配，也可以对财产制度作出变更。同居就更有必要签订一份财产约定，因为同居关系基本不受法律保护，相关事项，如共同购置财产等，到底归属如何，特别容易产生风险，所以，约定是非常有必要的。

同居财产约定

男方：______，______年______月______日出生，______族，身份证号______。

女方：______，______年______月______日出生，______族，身份证号______。

甲、乙双方为同居关系，自______年______月______日起开始同居生活。双方为了更好地明确同居期间取得财产的归属问题，防止因解除同居关系发生争议，现将所有的同居期间取得的财产进行划分。根据有关法律规定，双方经过友好协商，对同居期间取得的财产的归属达成以下协议，双方共同遵照执行：

一、房产

甲乙双方同居期间以______名义购买房屋一处，房产证号为______，位于______，该房付款方式为______，首付款为人民币______元由______支付，银行按揭贷款总计为人民币____元，每月还款人民币______元，自______时开始偿还，月供还款由______支付。

现双方认可该房屋产权按下列第______种方式处理：

（1）两人共同所有，各占一半产权；

（2）双方按份共有，具体的份额比例为：______；

（3）______方所有，但若两人分手，则拥有房屋产权方应向另一方支付折价补偿款人民币______元。

二、车辆

甲乙双方同居期间购买的______车一辆，车牌号为：______，登记在______名下。

现双方认可该汽车产权按下列第______种方式处理：

（1）两人共同所有，各占一半产权；

（2）双方按份共有，具体的份额比例为：______；

（3）______方所有，但若两人分手，则拥有产权方应向另一方支付折价补偿款人民币______元。

三、公司股权

______公司的______% 股权（出资额______元），登记于______名下。

现双方认可该股权按下列第______种方式处理：

（1）两人共同所有，各占一半股权；

（2）双方按份共有，具体的份额比例为：______；

（3）______方所有，但若两人分手，则拥有股权方应向另一方支付折价补偿款人民币______元。

四、其他财产

甲乙双方同居期间取得的其他未列明的存款、股票、基金、期货、首饰及个人生活用品等，双方认可按下列第______种方式处理：

（1）谁出资购买归谁所有；

（2）不论谁出资，为甲乙双方的共同财产，且各占 50% 的份额；

（3）______归甲方个人所有，______归乙方个人所有，其他归双方共同财产，各占 50% 份额。

五、债务

甲乙双方同居期间产生的债务，双方认可按下列第______种方式处理：

（1）在谁名下的债务，由谁承担，与对方无关；

（2）不论是谁名下债务，另一方均承担连带责任，视为双方共同债务。

六、附则

本协议一式两份，双方各执一份，每份具有同等效力，自签字之日起生效。

6866

签署时间：　　　年　　　月　　　日

男方（签字）：

女方（签字）：

84.解除同居关系协议

使用场景：

对于没有婚姻关系但长期同居财产混同甚至生育子女的人，在解除同居关系时就子女抚养、财产分割所达成的协议。

法律要点：

因为男女双方是同居关系，无法办理离婚手续，所以，如果同居时间较长，产生了较多混同的财产，甚至生育了子女，对于财产如何分配，子女如何抚养等，皆需有明确的协议，这时，签订一份解除同居关系的协议可以说是必须要做的事情。签订该协议可以证明解除同居关系的时间，保证解除同居后财产的性质不受影响。

解除同居关系协议

男方：______，______年______月______日出生，______族，身份证号______。

女方：______，______年______月______日出生，______族，身份证号______。

男女双方自______年______月开始同居，并于同居期间生育一子______，现年五岁，现双方决定解除同居关系，并对相关事项达成如下协议：

一、双方自即日起解除同居关系，女方应与子女在本协议签订后三十日内搬出男方住房，即______房屋。

二、子女______由女方抚养，跟随女方生活；男方每月支付女方子女抚养费______元至______22 周岁止；男方可每两周探望一次子女，每次一天，即每隔周的周五晚接走，周六晚送回。

三、双方同居期间，只产生少量共同财产，均为家电，女方同意均归男方所有。其余各自名下的财产归各自所有。

四、男方同意在解除同居关系并且女方搬离男方住所后十日内，一次性支付女方经济补偿金______万元。由男方打入女方银行账户如下：

中国工商银行______账号：______

五、本协议签订并履行后，双方无任何其他争议。

13148

六、本协议一式两份，自签订之日起生效，男女双方各持一份，具同等法律效力。

男方：　　　　　　　　　　　　　　女方：

年　　月　　日　　　　　　　　　　年　　月　　日

85.非婚生子女抚养协议

使用场景：

就非婚生子女的抚养问题达成的协议。

法律要点：

如果男女双方有婚姻关系，在离婚时签订的离婚协议里就必须对子女的抚养问题做出约定，这包括抚养权归属，抚养费的给付，探望权如何行使等。但是由于双方没有婚姻关系，在这种情况下生育的子女，就必须通过签订协议的方式予以明确。但有关抚养问题的依据可以参照《婚姻法》及其相关司法解释的规定，在司法实践中，在同居关系子女抚养纠纷案件中，也是适用同样的法律规定。

子女抚养协议

男方：______，______年______月______日出生，______族，身份证号______。

女方：______，______年______月______日出生，______族，身份证号______。

经甲乙双方经充分协商，就双方同居期间生育子女的抚养事宜自愿达成如下协议，双方愿意共同遵照执行：

一、双方一致同意同居期间所生育的子女______的抚养权归______。

二、甲乙双方可以自愿选择以下第______种方式支付子女的抚养费。

1.______方于本协议生效之日一次性支付孩子的抚养费等总计人民币______元。

2.______方于本协议生效之日起按年支付孩子的抚养费等人民币______元/年，支付截止日期为子女年满十八周岁。

3.______方于本协议生效之日起按月支付子女抚养费人民币______元/月，支付截止日期为子女年满十八周岁。

三、甲、乙双方同意：对子女在未成年期间造成第三人人身或财产损害的赔偿，由______承担赔偿责任。

四、______对子女享有探望权，______无正当理由不可剥夺______对孩子的探望权，也不得剥夺孩子对______的探望权。

五、在______承担对孩子的抚养教育期间，对孩子的抚养及教育等方面有

6978

不良影响或影响孩子身心健康的，______有权对孩子进行抚养和教育。

六、本协议一式二份，协议各方各执一份。各份协议文本具有同等法律效力。

七、本协议经各方签署后生效。

签订时间：　　　年　　　月　　　日

男方（签字）：

女方（签字）：

图书在版编目(CIP)数据

中国合同库. 婚姻家庭 / 张静编著. -- 北京 : 法律出版社, 2019

ISBN 978-7-5197-4126-6

Ⅰ. ①中… Ⅱ. ①张… Ⅲ. ①合同法-中国②亲属法-合同法-中国 Ⅳ. ①D923.6

中国版本图书馆 CIP 数据核字(2019)第 270825 号

中国合同库:婚姻家庭
ZHONGGUO HETONGKU:HUNYIN JIATING

张　静　编著

策划编辑 朱海波　蒋　橙
责任编辑 朱海波　蒋　橙
营销编辑 徐　印
装帧设计 宇宙尘埃工作室　鲍龙卉

出版 法律出版社
总发行 中国法律图书有限公司
经销 新华书店
印刷 三河市兴达印务有限公司
责任校对 马　丽
责任印制 吕亚莉

编辑统筹 法律应用出版分社
开本 787 毫米×1092 毫米　1/16
印张 14.75
字数 290 千
版本 2020 年 1 月第 1 版
印次 2020 年 1 月第 1 次印刷

法律出版社/北京市丰台区莲花池西里 7 号(100073)
网址/www.lawpress.com.cn
投稿邮箱/info@lawpress.com.cn
举报维权邮箱/jbwq@lawpress.com.cn
销售热线/400-660-8393
咨询电话/010-63939796

中国法律图书有限公司/北京市丰台区莲花池西里 7 号(100073)
全国各地中法图分、子公司销售电话:
统一销售客服/400-660-8393/6393
第一法律书店/010-83938432/8433　西安分公司/029-85330678　重庆分公司/023-67453036
上海分公司/021-62071639/1636　深圳分公司/0755-83072995

书号:ISBN 978-7-5197-4126-6　**定价**:52.00 元
(如有缺页或倒装,中国法律图书有限公司负责退换)